INTELIGENCIA ARTIFICIAL

INTELIGENCIA ARTIFICIAL

Pablo Martín Ávila

LIBSA

© 2024, Editorial LIBSA
C/ San Rafael, 4 bis, local 18
28108 Alcobendas (Madrid)
Tel.: (34) 91 657 25 80
e-mail: libsa@libsa.es
www.libsa.es

Textos: Pablo Martín Ávila
Ilustración: Archivo LIBSA, Shutterstock images
Maquetación: Javier García Pastor

ISBN: 978-84-662-4040-6

DL: M-8947-2024

Créditos fotográficos: pág. 208, The CovertLynx / Shutterstock.com
pág. 209, tan47 / Shutterstock.com

CONTENIDO

Origen y desarrollo de la inteligencia artificial

Introducción 09

    ¿Qué es la inteligencia artificial? 11

    El auge de la inteligencia artificial 15

Primeras ideas y conceptos 23

    Sueños de autómatas: de la Antigüedad a la edad moderna 24

    Los precursores filosóficos de la IA 26

    Las bases fundacionales: Ada Lovelace, Alan Turing y
John McCarthy 30

Orígenes formales de la IA 37

    El nacimiento de la IA: la Conferencia de Dartmouth 38

    Las primeras inteligencias artificiales y programas
simbólicos: ELIZA y MYCIN 42

Conceptos fundamentales 49

    Los enfoques de la IA 49

    Las categorías de la IA 51

Herramientas silenciosas 57

    Aprendizaje automático 58

    Aprendizaje profundo y redes neuronales 62

    Algoritmos genéticos: inspiración natural para
la nueva computación 68

La IA y la ciencia ficción 71

    Representaciones de la inteligencia artificial en la literatura 72

    La IA en el cine y la televisión 77

    Influencia mutua: ¿ficción como fuente de inspiración
de la realidad o viceversa? 82

La revolución de los modelos de lenguaje 87

    Origen de los modelos modernos 88

    ¿Qué son y cómo trabajan? 90

    Modelos contemporáneos: BERT, GPT y otros puntos de inflexión 92

La visión por computadora 99

    Fundamentos y aplicaciones actuales 100

    Lenguaje + visión por computadora: la revolución de CLIP y DALL-E 103

Las aplicaciones prácticas de la IA: mil maneras de utilizarla hoy

Soluciones para la educación 111
  Estudiantes: el aprendizaje personalizado.............................. 112
  Docentes: optimización para una educación basada en cada alumno.... 115
  Progenitores: copartícipes diarios de la educación de sus hijos 120
Nuevas armas en salud y medicina 131
  Los pacientes: del diagnóstico a los tratamientos personalizados 132
  La IA y los profesionales de la salud 135
  Las instituciones sanitarias y la IA..................................... 139
La IA en finanzas y banca 147
  Clientes: acceso global a una banca cada vez más personalizada 148
  Entidades financieras: la IA y la banca del futuro 152
Aplicaciones en movilidad y transporte 157
  Los coches autónomos: la ciencia ficción convertida en realidad 158
  Sistemas de transporte inteligente: la gestión de una ciudad eficiente 160
  Logística y cadenas de suministro: la mano mágica detrás de
  la entrega perfecta 164
La IA en las artes 167
  La literatura: la IA y la escritura creativa 173
IA y ocio: del *streaming* a los videojuegos 183
  Personalización y recomendación del contenido: el poder oculto
  tras el mando a distancia 184
  El impacto de la IA en la producción y distribución de
  contenidos audiovisuales 188
  La IA y el *gaming*. La nueva era de los videojuegos..................... 193
IA en la planificación de viajes 199
  Viajes y experiencias únicas: los asistentes de viajes virtuales 200
  Traducción y servicios lingüísticos, una piedra Rosetta
  para cada viajero 203
El asistente personal ChatGPT 4.. 207
  ChatGPT, el impulso definitivo de los asistentes personales.................. 208
  24 horas con ChatGPT: la revolución de la IA en la vida diaria.............. 209

Los desafíos de la IA: ¿Y ahora qué puede pasar? ¿Cuáles son sus límites?

Los peligros de la IA 225
  Los desafíos éticos: sesgos, responsabilidad y decisiones
  automatizadas... 226
  Privacidad y manipulación: del control social a las *fake news* 229
  El impacto de la IA en el mercado laboral................................ 234
  Los peligros de la IA para la salud mental.............................. 237
Las últimas fronteras de la IA 241
  ¿Puede la IA salirse de control?.. 241
  La IA y la emulación de la conciencia humana 245
  La singularidad tecnológica: un horizonte inexplorado................... 247
  La Unión Europea y la primera ley regulatoria de la IA 249

Lecturas recomendadas 252

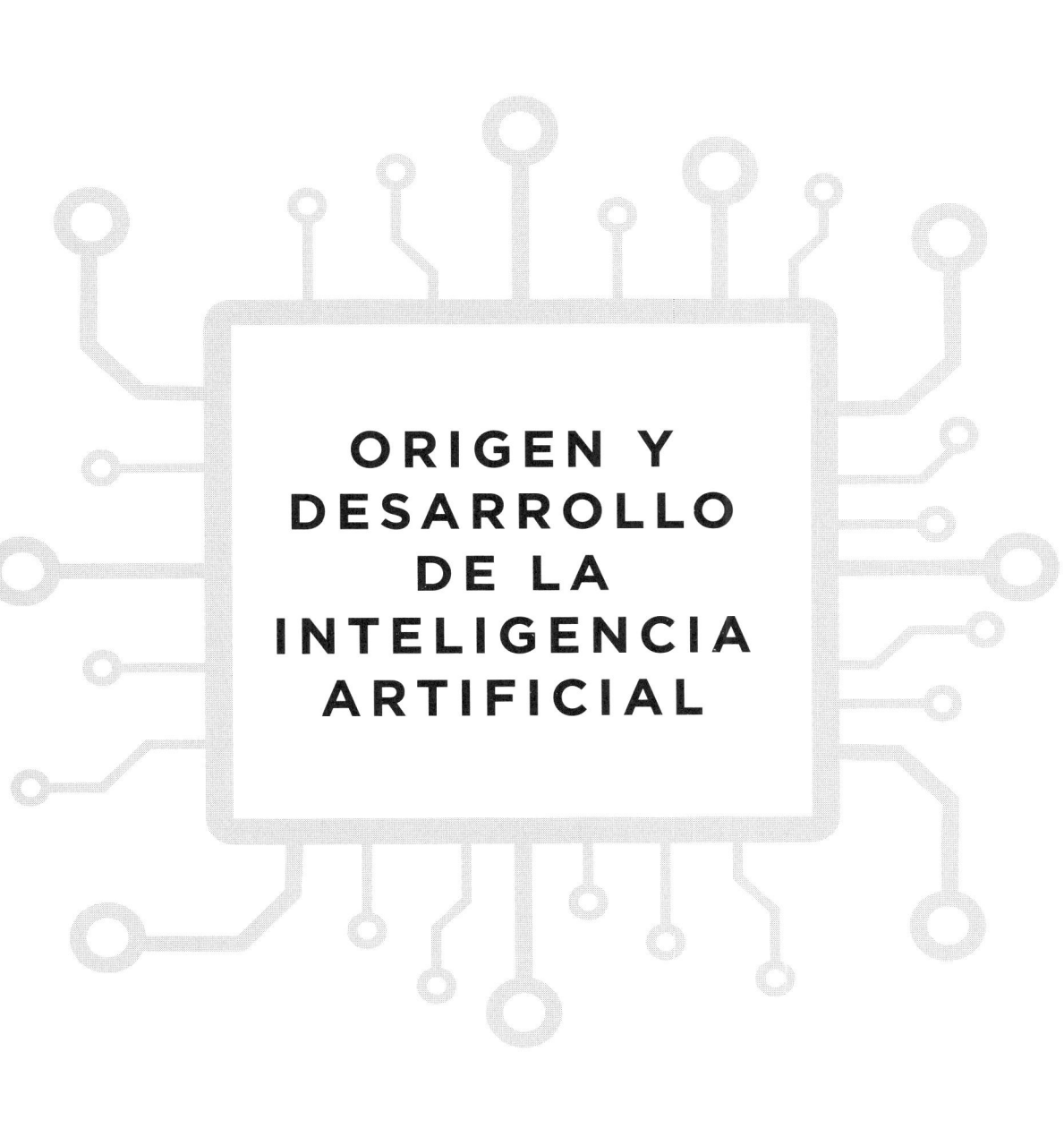

ORIGEN Y DESARROLLO DE LA INTELIGENCIA ARTIFICIAL

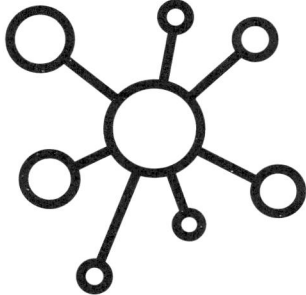

INTRODUCCIÓN

La inteligencia artificial (IA) ha sido durante los últimos años la protagonista, a excepción de conflictos y desastres naturales, de las más impactantes noticias a nivel mundial. Las informaciones sobre la inteligencia artificial se han incrementado de manera exponencial y copan las portadas de todo tipo de medios de comunicación, desde los más generalistas a los académicos o los especializados en un determinado sector económico o productivo. En los últimos tiempos, la IA se ha consolidado como una de las disciplinas más intrigantes y transformadoras de la era contemporánea, permeando en múltiples facetas de la vida cotidiana y redefiniendo los paradigmas de diversos campos del conocimiento con incontables aplicaciones a todos y cada uno de los ámbitos que afectan a la vida moderna.

Pero… **¿qué es en realidad la inteligencia artificial?** Este libro tiene la vocación de acercar al lector una disciplina que, por su extrema vanguardia y rápida evolución, en ocasiones puede parecer de enrevesada comprensión, o ajena a los intereses de aquellas personas que no se dedican al mundo académico o a la innovación tecnológica. Este volumen busca desarrollar de una manera sencilla, directa y accesible el concepto de la IA y sus múltiples aplicaciones al día a día del mundo actual.

Para lograr ese objetivo divulgativo el libro se adentra en los **orígenes de la inteligencia artificial,** desde las primeras vagas ideas de la Edad Antigua hasta la Edad Moderna, en la que los autómatas fueron el máximo exponente de un concepto todavía poco elaborado. Este repaso alcanza a los verdaderos precursores contemporáneos de la IA, desde la primera programadora de la historia, Ada Lovelace, al atormentado Alan Turing y el norteamericano John McCarthy, así como los orígenes formales de la inteligencia artificial que tuvieron lugar en la Conferencia de Dartmouth y que desembocaron en el desarrollo de los primeros sistemas básicos de IA.

El libro también aborda los **conceptos sobre los que se funda** la inteligencia artificial: el aprendizaje automático, el aprendizaje profundo, las redes neuronales, los algoritmos genéticos, etc., términos que aparentemente son muy técnicos, pero que se presentan desde una perspectiva divulgativa que permitirá a todo tipo de lectores comprender tales conceptos de una manera sencilla y práctica. El libro muestra igualmente, entre otros ejemplos, las referencias que desde hace décadas realiza la ciencia ficción sobre la IA y que de una u otra forma han ayudado a configurar en nuestra mente los conceptos que finalmente han dado lugar al desarrollo de la IA. Asimismo, el libro dedica un capítulo a abordar aquellos **retos que la IA plantea** y que, llegado un determinado momento, pueden convertirse en peligros potenciales, como los sesgos de todo tipo, los límites de la privacidad o la propia ética que ha de guiar la implementación de la inteligencia artificial. Otros retos que ya afloran en la actualidad han sido los relacionados con el impacto de la IA en el ámbito laboral y la posible sustitución de trabajadores por máquinas que utilicen la inteligencia artificial para realizar tareas hasta ahora llevadas a cabo por humanos. Siguiendo esta línea de pensamiento, y para finalizar la parte más teórica del libro, se plantea y analiza la gran cuestión de fondo sobre la IA: ¿puede volverse humana?

La segunda parte del volumen se dedica a presentar las **principales funcionalidades** a las que ha llegado la inteligencia artificial después de años de investigación. Los modelos de lenguaje y la visión por computadora constituyen los dos campos base acerca de los que se está desarrollando la mayor parte de las aplicaciones actuales de la IA.

La tercera parte trata, de un modo práctico y con **ejemplos concretos,** diferentes modelos de IA y su aportación a sectores como la educación, la salud, el transporte, el turismo, la industria del entretenimiento, etc., aportando datos a propósito de cómo se puede utilizar por los múltiples implicados en cada uno de estos ámbitos que configuran la vida moderna, o de cómo la IA es ya una realidad y puede emplearse para optimizar el día a día de cua quier ciudadano. Esta sección se acompaña de ejemplos concretos y reales que han surgido de la interacción con diferentes aplicaciones de IA, y en especial con el actual modelo de lenguaje dominante, ChatGPT.

¿QUÉ ES LA INTELIGENCIA ARTIFICIAL?

Puede definirse la IA como un campo de estudio de la informática que busca desarrollar algoritmos, sistemas y técnicas que permitan a las máquinas aprender y realizar tareas que, hasta hace poco, solo podían ser realizadas por seres humanos. Dichas tareas incluyen cuestiones como la toma de decisiones, el reconocimiento de patrones, la comprensión del lenguaje natural y la resolución de problemas complejos.

En su esencia, la IA se basa en la idea de que una máquina puede ser programada **para imitar la inteligencia humana.** Pero es importante destacar que imitar no significa replicar. Mientras que el cerebro humano utiliza neuronas biológicas conectadas entre sí para procesar información, la IA emplea estos algoritmos matemáticos y gran cantidad de datos para aprender y mejorar su rendimiento cada vez que se usa.

A lo largo de la historia, la humanidad ha soñado con crear seres artificiales que pudieran emular la inteligencia humana. Como se verá en las siguientes páginas, existe un gran número de ejemplos, desde el mito del Gólem hasta el autómata de la antigua Grecia, que demuestran que la idea de dar vida e inteligencia a lo inanimado ha sido un constante anhelo humano.

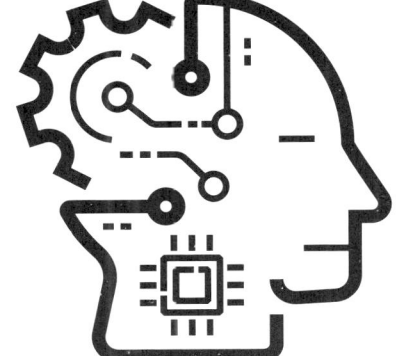

El origen del término *inteligencia artificial* es una creación de los científicos de la segunda mitad del siglo xx, con la finalidad de dar nombre a una nueva área de investigación científica y técnica, pero su importancia reside en que fue un punto de inflexión en la historia de la informática y la ciencia cognitiva. La década de 1950 se considera un período de intensa investigación y desarrollo en el campo de la informática. Durante este tiempo los científicos comenzaron a explorar la posibilidad de crear máquinas que pudieran simular habilidades cognitivas humanas, como el razonamiento, el aprendizaje y la toma de decisiones. Fue en este contexto cuando el matemático y científico de la computación, **John McCarthy** (1927-2011), acuñó el término *inteligencia artificial*.

McCarthy es ampliamente reconocido como uno de los padres fundadores de la IA. En 1956 organizó la **Conferencia de Dartmouth,** un evento que reunió a un grupo selecto de investigadores con el objetivo de explorar todos los aspectos de la simulación de la inteligencia humana en máquinas. Fue en la propuesta para esta conferencia donde McCarthy y sus coorganizadores utilizaron por primera vez el término de inteligencia artificial para describir este nuevo campo de estudio que tanto daría que hablar. La elección del sintagma fue totalmente intencionada: inteligencia se refiere a la capacidad de adquirir y aplicar conocimientos y habilidades en general, mientras que artificial denota algo que ha sido creado por humanos, en lugar de algo natural. Juntos, estos dos términos encapsulan perfectamente la esencia de este nuevo campo: la creación de sistemas artificiales que pueden emular o simular las capacidades cognitivas humanas.

A lo largo de las siguientes páginas se analizará con mayor detalle el hito fundacional que para la IA fue la mencionada Conferencia de Dartmouth. Este encuentro es visto por muchos como el nacimiento oficial de la IA en cuanto que disciplina académica. Aunque las discusiones y los proyectos presentados durante la conferencia variaron en cuanto a enfoque y metodología, todos compartieron un interés común en la creación de máquinas inteligentes. Las discusiones en Dartmouth sentaron las bases para décadas de investigación en áreas como el procesamiento del lenguaje natural, la robótica, el aprendizaje automático y la lógica simbólica.

Desde la conferencia fundacional, la inteligencia artificial ha evolucionado en pocas décadas desarrollándose a la vez en varios subcampos, cada uno con sus propios enfoques y metodologías. En la actualidad, las principales áreas en las que se centran los trabajos y las aplicaciones prácticas de la IA son el aprendizaje automático, el aprendizaje profundo, el procesamiento del lenguaje natural, la robótica, los sistemas expertos, la visión por computadora y el reconocimiento de patrones.

El aprendizaje automático constituye una rama central de la IA que se centra en el desarrollo de algoritmos que permiten a las máquinas aprender de los datos y mejorar su rendimiento con el tiempo, sin ser explícitamente programadas. En lugar de seguir instrucciones rígidas, los sistemas de aprendizaje automático utilizan datos y la retroalimentación que les proporciona la interacción con humanos con la finalidad de mejorar su capacidad de tomar decisiones y hacer predicciones. Hoy en día este campo se aplica al reconocimiento de voz, como el que utilizan los asistentes virtuales, y a las recomendaciones personalizadas que, por ejemplo, se encuentran en las plataformas de vídeo bajo demanda y ofrecen a cada usuario un menú diferente basado en las anteriores decisiones de visionado que hubiera realizado.

El aprendizaje profundo está directamente relacionado con el aprendizaje automático. En realidad es un subcampo de este que ha adquirido entidad propia al inspirar su aprendizaje en la estructura y función del cerebro humano. Utiliza redes neuronales artificiales con múltiples capas, como se verá en el capítulo que analiza los conceptos de la IA, para aprender de grandes cantidades de datos. Cuanto más profunda es la red, más complejas son las características que puede reconocer y aprender. Actualmente se aplica al reconocimiento de imágenes y voz, a los sistemas de los vehículos autónomos y a la traducción automática de idiomas.

El procesamiento del lenguaje natural se centra en sistemas que mejoren en las máquinas la capacidad de entender, interpretar y responder al lenguaje humano de una manera inteligente. Esta rama de la IA persigue mejorar la interacción entre computadoras y seres humanos usando el lenguaje natural. Entre sus usos actuales están los asistentes virtuales como Alexa o

Siri y los chatbots que atienden por escrito o por teléfono en muchos de los servicios de atención al cliente de las grandes empresas.

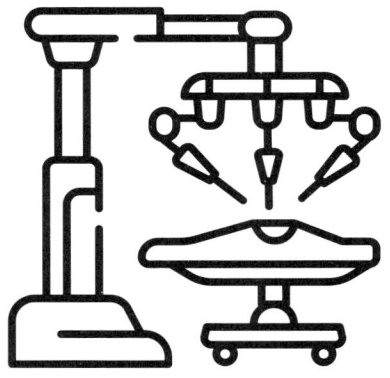

La robótica es el campo que se ocupa de la creación y utilización de robots: máquinas que se pueden programar para realizar una serie de acciones. Aunque hasta la actualidad no todos los robots incorporan IA, la robótica moderna a menudo utiliza principios de IA para mejorar la autonomía, la toma de decisiones y la adaptabilidad de los robots al entorno. Hoy en día este campo produce robots industriales para manufactura y robots quirúrgicos, así como drones.

Los sistemas expertos son programas informáticos que simulan el juicio y el comportamiento de un experto humano en un campo específico. Para ello utilizan un conjunto de reglas y conocimientos, previamente dados, para tomar decisiones basadas en la información proporcionada. Este campo está realizando grandes avances a la hora de ejecutar diagnósticos médicos, en particular al poner en relación todos los datos de un expediente clínico y poder diagnosticar la enfermedad que puede padecer el paciente. También tiene excelentes resultados en el asesoramiento financiero.

La visión por computadora es una rama de la IA que enseña a las máquinas a ver e interpretar imágenes y vídeos. Ello implica una variedad de tareas como la identificación de objetos, el reconocimiento facial y la estimación de movimientos. Esta rama tiene su aplicación en sistemas de vigilancia, aplicaciones de realidad aumentada y análisis de imágenes médicas.

Por último, el **reconocimiento de patrones** implica el descubrimiento de regularidades o patrones en los datos a través de algoritmos. Es fundamental para interpretar, clasificar y comprender la información sensorial. En estos momentos se utiliza para llevar a cabo análisis de sistemas biométricos, como el reconocimiento de las huellas dactilares en los controles de seguridad, el análisis de las tendencias de mercado para descubrir los gustos mayoritarios de un público, o en tareas como la clasificación de correo electrónico, que permite deducir si un correo entrante ha de ir a la carpeta de entrada o a la de correo no deseado.

Cada una de estas ramas tiene sus propias técnicas, desafíos y áreas de aplicación, pero todas comparten el objetivo común de avanzar en la capacidad de las máquinas para realizar tareas que requieren inteligencia humana. A medida que la IA continúe evolucionando, es probable que, por una parte, se llegue a una mayor integración entre estas ramas, conduciendo a aplicaciones y tecnologías aún más innovadoras y transformadoras, y, por otra, que puedan surgir nuevas ramas que encuentren una nueva área en la que aplicar las investigaciones sobre IA. De esta forma se puede decir, a modo de una primera aproximación, que la inteligencia artificial es una disciplina que busca dotar a las máquinas de capacidades similares a las de la inteligencia humana. Si bien todavía se está lejos de crear máquinas que puedan emular completamente la complejidad y profundidad del pensamiento humano, los avances en IA ya están transformando la sociedad de maneras que apenas se llegan a comprender y vislumbrar todavía.

EL AUGE DE LA INTELIGENCIA ARTIFICIAL

La IA ha dejado de ser en muy poco tiempo un concepto futurista para convertirse en una realidad omnipresente en la vida diaria. Desde asistentes virtuales en los teléfonos inteligentes hasta sistemas de recomendación en plataformas de vídeo bajo demanda, la IA está redefiniendo la forma en que los humanos interactúan con la tecnología y el mundo que los rodea.

Hoy resulta incontestable que la inteligencia artificial ha experimentado un crecimiento y adopción sin precedentes en la última década. Pero ¿cómo se ha llegado a este **punto de inflexión** y qué implica el auge de la IA para el futuro? Para analizar el auge de la IA hay que aceptar que esta revolución no ha surgido de la nada, sino que una serie de factores convergentes han propulsado a la IA desde los laboratorios de investigación hasta el centro de la vida cotidiana. Los avances tecnológicos en el *hardware,* la explosión de los datos, el *Big Data,* los algoritmos avanzados y el aprendizaje profundo, la inversión y el apoyo institucional, y la colaboración abierta son los principales factores que han llevado al auge actual de la IA.

Los avances tecnológicos en el *hardware* de las computadoras actuales han aumentado exponencialmente la potencia de procesamiento de estas máquinas. Uno de los avances más significativos ha sido la evolución de las **unidades de procesamiento gráfico** (GPU, por sus siglas en inglés). Originalmente fueron diseñadas para manejar gráficos complejos en videojuegos, pero con el tiempo las **GPU** resultaron ser excepcionalmente aptas para las operaciones matemáticas paralelas que son necesarias para poder llevar a cabo los cálculos de los algoritmos de IA. A diferencia de las unidades de procesamiento central (CPU, en inglés), que están diseñadas para llevar a cabo las tareas encomendadas de una manera secuencial y son ideales para tareas generales, las GPU pueden manejar múltiples tareas simultáneamente. Esta capacidad de procesamiento paralelo es especialmente útil para entrenar redes neuronales profundas, donde miles de nodos necesitan ser actualizados de modo simultáneo. Así, lo que antes podría haberse prolongado semanas de procesamiento en una CPU, ahora puede lograrse en días o incluso horas con una GPU.

Pero para que el poder de computación de las GPU produjera el auge de la IA fue necesario que esta capacidad de trabajo fuera más accesible. Este logro llegó de la mano de **la computación en la nube.** Con anterioridad, la investigación y la aplicación de la IA estaban limitadas a instituciones que podían permitirse el lujo de invertir en un costoso *hardware.* Pero con la llegada de la computación en la nube, tanto las empresas emergentes como los individuos

pueden alquilar, por un módico precio, capacidad de procesamiento según sus necesidades. Plataformas como AWS, Google Cloud y Microsoft Azure ofrecen servicios especializados para el aprendizaje automático y la IA, eliminando barreras económicas y permitiendo a los innovadores centrarse en el desarrollo de sus aplicaciones sin preocuparse por la infraestructura subyacente.

Es la combinación de GPU y computación en la nube lo que ha facilitado la experimentación y la prueba rápida de prototipos. Los investigadores pueden probar múltiples modelos y enfoques en paralelo, acelerando el ritmo de innovación. Las interacciones que antes eran tediosas y consumían mucho tiempo, ahora se realizan con una eficiencia sin precedentes, permitiendo a los científicos y desarrolladores adaptarse y mejorar sus modelos de IA con una agilidad nunca antes vista.

En el corazón del meteórico ascenso de la inteligencia artificial yace un recurso del que todavía se desconoce su verdadero valor: **el Big Data.** Este término, que se ha convertido en omnipresente, ejerce un impacto profundo y multifacético a la hora de explicar el auge de la IA. Todos lo hemos oído y parecemos conocerlo, pero ¿de verdad sabemos lo que significa?

La era digital actual se caracteriza, sobre todo, por la generación y acumulación constante de datos. Por ejemplo, cada vez que se navega por la web, alguien realiza una compra en línea, se interactúa en redes sociales o incluso se camina por una calle con cámaras de vigilancia, se está contribuyendo al vasto océano de datos que la vida contemporánea genera todo el tiempo y por todas partes. Tal conjunto de datos ofrece una visión sin precedentes de comportamientos, tendencias y patrones sociales de todo tipo. Pero no es solo la cantidad de datos lo que es impresionante, sino también la diversidad de esos datos. Desde información estructurada, como bases de datos de clientes o transacciones financieras, hasta datos no estructurados, como imágenes, vídeos y textos, el espectro de información disponible es casi infinito, además de extremadamente variado.

El almacenamiento de datos también ha experimentado una revolución. Hasta hace muy poco tiempo, el almacenamiento de grandes cantidades de información era prohibitivamente costoso y logísticamente desafiante. Pero con la caída de los precios del almacenamiento y el advenimiento de soluciones en la nube, las organizaciones ahora pueden almacenar y acceder a *petabytes* de datos con relativa facilidad. Esta accesibilidad ha sido crucial, ya que los algoritmos de IA requieren acceso a grandes conjuntos de datos para entrenar y afinar sus modelos de manera efectiva.

¿Por qué son tan cruciales estos datos para la IA? La respuesta radica en cómo funcionan los algoritmos modernos de IA, especialmente en el campo del **aprendizaje automático.** Estos algoritmos aprenden y se adaptan a partir de los datos, en lugar de seguir instrucciones explícitas. Cuanto más amplio y diverso sea el conjunto de datos, más preciso y efectivo será el modelo resultante. Así, un algoritmo de reconocimiento facial entrenado con millones de imágenes de rostros de diferentes edades, géneros y etnias será mucho más preciso que uno que solo ha visto unas pocas imágenes. Por esta razón el *Big Data* es más que un simple término de moda; es el combustible que impulsa la maquinaria de la inteligencia artificial. Sin la disponibilidad y accesibilidad de grandes cantidades de datos, la revolución de la IA que está teniendo lugar hoy no habría sido posible. Es una simbiosis en la que la IA se nutre de datos para crecer y, a su vez, ayuda a comprender y utilizar esos datos de manera más efectiva.

El siguiente factor que ha permitido el auge actual de la inteligencia artificial está estrechamente ligado a los dos anteriores. La disponibilidad de un hardware que tenga capacidad de computar datos en paralelo, y la mayor facilidad para hacer uso de la información que proporciona el *Big Data* ha permitido que por fin se pueda, técnicamente, poner en marcha uno de los principios fundacionales de la inteligencia artificial: **las redes neuronales.** Estos sistemas artificiales, inspirados en la estructura y función del cerebro humano, han 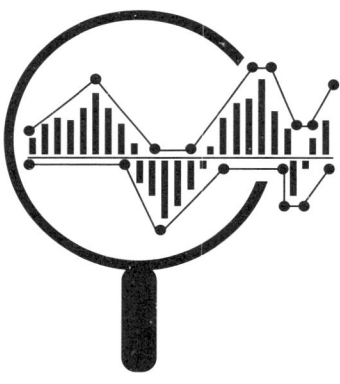 sido un concepto central en la IA desde sus primeros días. Estas redes están compuestas por unidades, o neuronas, que procesan información de manera similar a como lo hacen las células cerebrales. Al conectar estas neuronas en capas y permitirles transmitir y procesar información, las redes neuronales pueden aprender y adaptarse a los datos. No fue hasta la introducción y popularización de las redes neuronales profundas cuando la verdadera potencia de esta técnica se hizo evidente. Como se verá en las siguientes páginas al abordar los fundamentos de la IA, estas redes profundas tienen muchas capas, lo que les permite procesar información a diferentes niveles de complejidad. De esta manera, en la visión, la forma de ver, que se realiza por computadora, las primeras capas pueden identificar bordes y colores; las capas intermedias tienen la capacidad para reconocer formas y patrones, y las capas más profundas pueden reconocer objetos completos o escenas.

Con estos sistemas de computación se ha podido poner en práctica **el aprendizaje profundo,** que utiliza tales redes neuronales multicapa para aprender de grandes conjuntos de datos e identificar patrones complejos que hasta la aparición de esta herramienta eran extremadamente desafiantes para las máquinas, como el reconocimiento de voz, la traducción automática y la identificación de imágenes.

El desarrollo y la adopción del aprendizaje profundo también han sido impulsados por la creación y la popularización de ***frameworks* y bibliotecas especializadas.** Herramientas como TensorFlow, PyTorch y Keras han simplificado el proceso de diseño, entrenamiento y despliegue de modelos de aprendizaje profundo. Estas herramientas, a menudo de código abierto, permiten a investigadores y desarrolladores de todo el mundo colaborar, compartir sus descubrimientos y construir sobre el trabajo de los demás. Asimismo, ha servido de ayuda que otras plataformas como ArXiv y muchas comunidades en línea ofrezcan un espacio para que los entusiastas y profesionales de la IA compartan investigaciones, discutan ideas y colaboren en proyectos. Esta cultura de colaboración y transparencia ha acelerado el ritmo de innovación en el campo de la inteligencia artificial.

Uno de los factores más significativos detrás del meteórico ascenso de la IA ha sido el nivel sin precedentes de **inversión y apoyo institucional.** Dicha inversión no solo se ha materializado en términos financieros, sino también en forma de recursos, investigación y desarrollo, y una visión compartida del potencial transformador de este nuevo campo de investigación.

Las *start-ups* especializadas en IA han emergido como líderes en la vanguardia de la innovación tecnológica. Estas empresas jóvenes, ágiles y centradas en la tecnología han atraído la atención de inversores de todo el mundo. Los inversores en capital riesgo, reconociendo el potencial disruptivo de la IA, han inyectado miles de millones en estas empresas, permitiéndoles explorar nuevas aplicaciones, mejorar algoritmos y atraer a los más brillantes talentos del campo. La financiación ha sido esencial para llevar la IA desde conceptos teóricos hasta soluciones prácticas que abordan desafíos reales.

Por otro lado, los gigantes tecnológicos tradicionales han desempeñado un papel crucial en la popularización y adopción de la IA. Empresas como Google, Amazon, Microsoft y Apple no solo han integrado la IA en sus productos y servicios principales, sino que igualmente han establecido divisiones dedicadas en exclusiva a la investigación y desarrollo de herramientas prácticas de IA. Google's DeepMind ha logrado avances en el aprendizaje profundo y las redes neuronales que han redefinido lo que es posible en campos como la visión por computadora y el procesamiento del lenguaje natural. Estas empresas también han empleado sus recursos económicos en comprar *start-ups* de IA, fusionando innovaciones emergentes con recursos y capacidades ya asentados y establecidos.

Más allá del sector privado, los gobiernos de todo el mundo han comenzado a reconocer la **importancia estratégica de la IA.** Países como China, Estados Unidos, Canadá y varios Estados en Europa han lanzado iniciativas nacionales de IA, destinando fondos significativos para la investigación, ofreciendo incentivos fiscales para empresas de este campo tecnológico y estableciendo centros de excelencia en universidades y laboratorios de investigación. Semejantes iniciativas gubernamentales no solo buscan impulsar la economía y mantener la competitividad tecnológica, sino también abordar desafíos sociales y globales, desde el cambio climático hasta la atención médica. Asimismo, el apoyo institucional ha tomado la forma de colaboraciones entre el sector público y privado. Las universidades, con su rica tradición en investigación teórica, están llevando a cabo unos programas que las asocian con empresas y *start-ups* a fin de llevar las innovaciones desde el laboratorio hasta el mercado. Estas colaboraciones han acelerado el ritmo de innovación, combinando la profundidad académica con la agilidad y el enfoque del sector privado.

El último de los factores que han dado lugar al auge de la inteligencia artificial viene de la colaboración y la apertura en el código de los principales programas de desarrollo de la IA. A diferencia de muchos otros campos, donde los descubrimientos y avances pueden guardarse celosamente, la comunidad de la IA ha adoptado un **enfoque notablemente colaborativo y transparente.** Esta mentalidad abierta ha acelerado la innovación, permitiendo que la IA avance a un ritmo que pocos podrían haber anticipado.

Una de las manifestaciones más claras de esta colaboración es la tendencia hacia la **investigación abierta.** Instituciones líderes en IA, como OpenAI y DeepMind, han adoptado una filosofía consistente en compartir sus hallazgos y descubrimientos con la comunidad global. Al publicar sus investigaciones y hacer que sus resultados sean accesibles al público, estas organizaciones están democratizando el conocimiento y permitiendo que una amplia gama de individuos y grupos contribuyan en este campo tecnológico. Dicha transparencia no solo fomenta la confianza y la cooperación entre investigadores, sino que también permite que los avances en un área de la IA se extiendan rápidamente en otras, multiplicando así su impacto.

De la misma forma, la colaboración en IA se extiende más allá de las fronteras institucionales y geográficas. Conferencias internacionales, como NeurIPS e ICML, reúnen a investigadores de todo el mundo para discutir los últimos avances, desafíos y oportunidades en IA. Estos eventos no solo sirven como foros para la presentación de investigaciones, sino que también fomentan la colaboración y la **formación de redes** entre académicos, profesionales de la industria y toda clase de entusiastas.

Todos estos factores principales, y algunos de menor importancia, han conseguido que el auge de la inteligencia artificial sea el resultado de una confluencia perfecta de avances tecnológicos, disponibilidad de datos, innovación algorítmica, inversión estratégica y colaboración global. Tales factores, trabajando en conjunto, han creado un ecosistema en el que la IA no solo puede florecer, sino también transformar industrias enteras y redefinir la forma en la que vive y trabaja todo el conjunto de la sociedad.

PRIMERAS IDEAS
Y CONCEPTOS

Desde tiempos inmemoriales la humanidad ha soñado con la creación de seres artificiales que emulen las capacidades de los seres humanos, que reflejen su inteligencia y, en algunos casos, que incluso la superen. Estos sueños, que alguna vez se plasmaron en leyendas y mitos, han evolucionado con el tiempo, transformándose en **preguntas fundamentales** sobre la naturaleza de la inteligencia, la conciencia y la posibilidad de replicar estas cualidades en entidades no biológicas.

La idea de máquinas o entidades que puedan pensar, razonar y aprender ha sido una constante en la narrativa de todas las épocas, lo que refleja no solo la curiosidad insaciable del ser humano, sino también su necesidad innata de comprender y mejorar el mundo que le rodea. Ya sea a través de relatos de autómatas en antiguas civilizaciones, gólems místicos en tradiciones folclóricas o robots en obras de ciencia ficción, la figura de la «máquina inteligente» ha brotado de la imaginación humana y ha conseguido cuestionar los **límites entre la naturaleza y la tecnología.** De este ejercicio teórico surgieron cuestiones como las siguientes: ¿es posible, o incluso deseable, crear una inteligencia artificial? ¿Qué responsabilidades tendrían los humanos hacia estas entidades? ¿Y qué dice este deseo de crear vida artificial sobre la propia naturaleza del hombre y sus aspiraciones? A medida que los siglos avanzaban, estas preguntas que en algún momento se consideraron puramente filosóficas o teóricas, han comenzado a adquirir una urgencia práctica, puesto que, hoy en día, la posibilidad de desarrollar verdaderas inteligencias artificiales ya no se concibe como una mera fantasía del imaginativo ser humano, sino como una meta totalmente alcanzable, con implicaciones profundas para la sociedad, la economía y el modo de vida actual.

SUEÑO DE AUTÓMATAS: DESDE LA ANTIGÜEDAD HASTA LA EDAD MODERNA

Los mismos inicios de la historia ya albergan relatos que, de una manera muy remota, pueden ser relacionados con el deseo humano de crear entidades que cuenten con una inteligencia propia. **En la mitología griega** surgió la figura de Talos, un gigante de bronce creado por Hefesto, el dios de la forja. Esta máquina pensante protegía la isla de Creta patrullando sus costas y lanzando rocas a los invasores. Aunque es una figura mitológica, la idea de una entidad creada para proteger y servir refleja un deseo temprano de utilizar el conocimiento tecnológico en beneficio de la sociedad.

En la tradición judía el Gólem era una figura hecha de arcilla o barro, que adquiría una suerte de vida por medio de complejos rituales místicos. Este ente tenía por misión proteger a la comunidad, pero, tal y como reflejan los escritos rabínicos, este ser mitológico se volvía demasiado a menudo incontrolable, lo que puede verse como un reflejo simbólico de los temores acerca de la creación des-

enfrenada y los límites éticos que esta acción casi divina de «dar vida e inteligencia» podían tener, y las consecuencias nefastas que podía acarrear.

En el mundo cultural musulmán surgió en el siglo XII un polímata y erudito llamado Al-Jazari (1136-1206). Originario de la región de Mesopotamia, este ingeniero y artista es reconocido históricamente por su capacidad para diseñar y conceptualizar máquinas complejas mucho antes de la era industrial. En su obra más célebre, *El libro del conocimiento de ingeniosos dispositivos mecánicos,* Al-Jazari describió con meticulosidad más de cien dispositivos, muchos de los cuales eran autómatas. Tales autómatas, que iban desde músicos mecánicos hasta relojes de agua con figuras animadas, no solo demostraban una comprensión avanzada de los principios mecánicos, sino también una visión temprana de cómo las máquinas podrían imitar acciones y comportamientos humanos.

El Renacimiento fue una época de florecimiento artístico y técnico entre cuyos máximos exponentes se encuentra la figura de Leonardo da Vinci (1452-1519). El multifacético genio italiano es reconocido por sus contribuciones al arte, la anatomía y la ingeniería. Aunque vivió mucho antes de que se acuñara el término inteligencia artificial, su visión y sus diseños avanzados reflejan un interés temprano en la creación de máquinas que imiten la función

y la forma humanas. Sus detallados cuadernos de bocetos revelan una profunda curiosidad por entender y replicar el movimiento y la mecánica del cuerpo humano. Entre sus diseños destaca una suerte de robot caballero. Concebido alrededor de 1495, este autómata mecánico estaba diseñado para realizar movimientos humanos, como sentarse, moverse y manipular objetos. Aunque nunca se construyó, el diseño del caballero muestra una comprensión temprana de la biomecánica y la cinemática, y es un testimonio de su deseo de fusionar arte y ciencia a fin de crear máquinas que imiten la vida.

En la Edad Moderna, Jacques de Vaucanson (1709-1782) sorprendió al público del siglo xviii con una gran cantidad de complejos autómatas. El más famoso de todos ellos fue el Pato Digestor, una máquina que podía comer y «digerir» alimentos. Aunque en realidad era una ilusión, capturó la imaginación del público de la época.

En los albores de **la Edad Contemporánea** otro autómata captó la atención de algunos de los más poderosos líderes de la época. El Turco fue una de las maravillas mecánicas más enigmáticas y fascinantes de todos los tiempos. Presentado como una máquina capaz de jugar al ajedrez contra oponentes humanos, este autómata, con apariencia de un misterioso jugador vestido a la turca, recorrió Europa y América, enfrentándose a figuras notables como Benjamin Franklin y Napoleón Bonaparte. Con su complejo mecanismo y habilidades en el tablero, el Turco no solo deslumbró al público, sino que también alimentó un intenso debate sobre la posibilidad de que las máquinas pudieran pensar o razonar como los humanos. Sin embargo, detrás del impresionante espectáculo, la prodigiosa máquina escondía un secreto. Aunque se presentaba como una máquina autónoma, en realidad contenía un maestro de ajedrez escondido en su interior, quien operaba el mecanismo y tomaba las decisiones de juego. Cuando este secreto fue finalmente revelado, algunos se sintieron decepcionados, pero la idea de una máquina que pudiera jugar al ajedrez prendió entre los inventores de épocas futuras.

LOS PRECURSORES FILOSÓFICOS DE LA IA

Al igual que se puede hablar de unos remotos orígenes técnicos o mecánicos de la IA, aunque fueran en el plano teórico y mitológico, es importante conocer también las ideas, y las personas que las formularon, que se encuentran en los orígenes del concepto contemporáneo de inteligencia artificial. Mucho antes de que surgieran las primeras computadoras o algoritmos, los filósofos ya se formulaban preguntas sobre la mente, la conciencia y la posibilidad de replicar la inteligencia humana. Estas indagaciones filosóficas sentaron las bases conceptuales para el desarrollo posterior de la IA.

Uno de los primeros filósofos en abordar la naturaleza de la mente y la inteligencia humana fue **Platón** (siglo ɪᴠ a. C.). En su alegoría de la caverna reflexiona sobre la realidad y la percepción, sugiriendo que lo que se percibe como realidad podría ser simplemente una sombra de una verdad más grande. Es una tería filosófica que divide la realidad en dos: el mundo sensible (el que se conoce a través de los sentidos) y el inteligible (el que es puro conocimiento). en todo caso, esta idea de simulación y representación es fundamental en la IA, especialmente cuando se consideran las simulaciones de conversaciones, entornos virtuales, realidades aumentadas, etc.

Aristóteles (384-322 a. C.) fue el discípulo de Platón e introdujo la idea del *syllogism*, una manera de razonamiento deductivo que se puede considerar como una forma temprana de algoritmo. Su enfoque en la lógica y el razonamiento proporcionó una estructura para el pensamiento sistemático, que más tarde influiría en el desarrollo de la lógica formal y la programación.

Ya a finales de la Edad Moderna el francés **René Descartes** (1596-1650) propuso una visión dualista del mundo, separando la mente del cuerpo. Su famosa declaración *Cogito, ergo sum* («Pienso, luego existo») pone el acto de pensar en el centro de la existencia humana. Descartes especuló con que los animales no humanos eran simplemente máquinas complejas, lo que llevó a debates sobre si la mente humana podría, en teoría, ser replicada mecánicamente.

En el siglo xᴠɪɪɪ el filósofo alemán **Immanuel Kant** (1724-1804) exploró la naturaleza de la inteligencia y el conocimiento en su obra *Crítica de la razón pura.* En este tratado y gran parte de sus trabajos, Kant sostenía que el conocimiento humano surge de la interacción entre la experiencia sensorial y las estructuras innatas de la mente. El alemán argumentó que el espacio y el tiempo son formas de intuición *a priori,* es decir, que son estructuras preexistentes en la mente que determinan cómo se percibe el mundo. También propuso que hay categorías innatas del entendimiento, como la causalidad, que se usa para organizar lo percibido. Según Kant, sin tales estructuras innatas, la experiencia sería incoherente y el conocimiento devendría imposible.

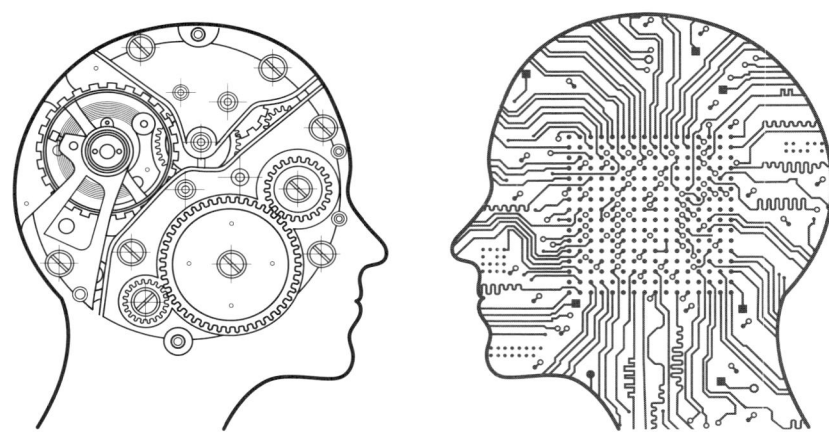

La relación más clara entre la filosofía de Kant y la inteligencia artificial aparece al ver cómo los sistemas de IA deben ser preconfigurados con ciertas estructuras o parámetros para poder aprender de los datos. Al igual que Kant creía que la mente humana está equipada con ciertas categorías innatas que le permiten organizar las experiencias sensoriales, un sistema de IA debe tener una arquitectura predefinida, como las **redes neuronales,** y funciones de pérdida y optimización que guíen su aprendizaje. Estas estructuras no son innatas en el sentido kantiano, pero son necesarias para que el sistema procese la información y aprenda de ella.

Kant enfatizó que el conocimiento humano está limitado por las percepciones y estructuras cognitivas. De manera similar la IA está limitada por los datos que recibe y la arquitectura de sus modelos. Los problemas de sesgo en los datos de entrenamiento en la inteligencia artificial pueden llevar a hacer predicciones sesgadas, un claro reflejo de la idea kantiana de que las interpretaciones del mundo que hacen los humanos están condicionadas por las estructuras a través de las cuales se percibe y entiende el mundo.

En el siglo xix el matemático y lógico británico **George Boole** (1804-1864) desarrolló un ingente trabajo centrado en el álgebra que con el paso del tiempo se convirtió en la base matemática por medio de la cual las computadoras procesan y representan la información. El álgebra booleana que creó es un sistema matemático que utiliza variables que pueden tener uno de dos valores: verdadero o falso. Estas variables se manipulan a través de operaciones lógicas como *AND* (y), *OR* (o) y *NOT* (no). Esta **forma binaria** de razonamiento resultó ser fundamental para el diseño y funcionamiento de los circuitos electrónicos y la computación digital.

La relación entre el trabajo de Boole y la inteligencia artificial también se manifestó cuando, en los primeros días de la IA, muchos investigadores creían que el razonamiento humano podría emularse mediante sistemas lógicos formales. La lógica booleana, con su estructura clara y reglas definidas, se convirtió en una herramienta esencial para desarrollar sistemas expertos y programas de razonamiento automático. Otro aspecto de vital importancia hoy en día es el de la búsqueda y recuperación de información. En este campo el álgebra booleana es su base principal, ya que cuando se realizan operaciones de búsqueda en las bases de datos y motores de búsqueda, la programación sigue utilizando términos como *AND, OR, NOT.* Por último, los estudios de Boole y su pensamiento son igualmente cruciales para que en la era de la computación las máquinas puedan entender y procesar los datos. Las re-

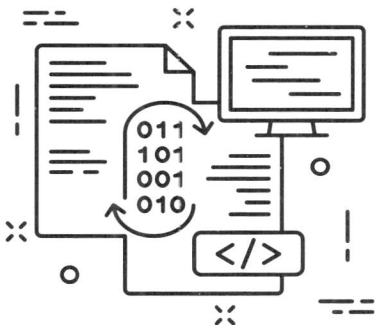

des semánticas y los sistemas basados en reglas, que utilizan lógica booleana, son ejemplos de cómo se puede estructurar y acceder al conocimiento. De esta forma el álgebra booleana se convirtió, hace más de siglo y medio, en un innovador sistema de lógica que proporcionó una base esencial para la creación, el desarrollo y la evolución de una suerte de sistema de pensamiento y raciocinio para las máquinas, que es la base fundamental de la IA.

El filósofo austríaco **Ludwig Wittgenstein** (1889-1951) fue uno de los pensadores más influyentes del siglo xx. La mayor parte de su trabajo se centró en la naturaleza del lenguaje y su relación con el mundo, y algunas de sus teorías han servido de base al campo de la inteligencia artificial centrado en el procesamiento del lenguaje natural. Wittgenstein propuso dos perspectivas principales acerca del lenguaje a lo largo de su vida. En el *Tractatus* sostuvo que el lenguaje es una representación lógica del mundo, donde las proposiciones tienen una estructura que refleja la realidad. Esta idea de que el lenguaje se puede reducir a estructuras lógicas fundamentales resonó con los primeros esfuerzos en la IA por representar el conocimiento y la información de manera lógica y sistemática. Más adelante, en *Investigaciones filosóficas,* Wittgenstein adoptó una perspectiva diferente, argumentando que el significado de una palabra no se deriva de una correspondencia directa con la realidad, sino del uso que se le da en la vida cotidiana. Introdujo el concepto de juegos de lenguaje, sugiriendo que el significado emerge de las prácticas lingüísticas compartidas dentro de comunidades específicas. Esta perspectiva ha sido fundamental para el desarrollo del procesamiento del lenguaje natural por parte de la inteligencia artificial.

LAS BASES FUNDACIONALES: ADA LOVELACE, ALAN TURING Y JOHN MCCARTHY

La inteligencia artificial es a menudo vista como una creación del siglo xxi que ha surgido de manera casi espontánea o casual. Este capítulo ya ha recorrido las raíces mitológicas, filosóficas, matemáticas y del ámbito del pensamiento en general que a lo largo de los siglos se han entrelazado con visiones audaces, descubrimientos revolucionarios y **mentes brillantes** que vislumbraron un futuro donde las máquinas podrían emular las capacidades humanas. Pero el paso final, que culminó en la Conferencia de Dartmouth, con el nacimiento formal de la inteligencia artificial se debe a las bases fundacionales aportadas por tres privilegiadas mentes de los siglos xix y xx: Ada Lovelace, Alan Turing y John McCarthy, quienes destacan por sus contribuciones individuales y también por cómo sus ideas colectivas sentaron las bases para el emergente campo de la inteligencia artificial.

Ada Lovelace (1815-1852) nació en un siglo xix dominado por máquinas de vapor y revoluciones industriales. Ella fue **la primera programadora de la historia** y una visionaria de la computación. Su asombrosa vida ya da pistas sobre sus increíbles logros. Ada Lovelace era hija del famoso poeta inglés Lord Byron (1788-1824) y de Anna Isabella Milbanke (1792-1860). Su madre decidió que Ada fuera educada en matemáticas y ciencias desde una edad temprana para así alejarla de las inclinaciones poéticas de su padre. Su interés por las matemáticas se convirtió en su auténtica pasión tras conocer en 1833 a Charles Babbage (1791-1871). Él era un matemático e inventor que había ideado un objeto conocido como **la Máquina Analítica,** que estaba destinado a ser una calculadora mecánica avanzada capaz de realizar operaciones matemáticas complejas. Aunque la máquina nunca se construyó completamente debido a limitaciones tecnológicas y financieras, la idea detrás de ella era revolucionaria. Fascinada por el concepto, Ada comenzó a trabajar con Babbage y, en el proceso, tradujo un artículo del matemático italiano Luigi Federico Menabrea (1809-1896) en relación con la máquina. Pero Ada no se limitó a traducir; añadió sus propias notas y reflexiones, que eran tan extensas que terminaron siendo tres veces más largas que el artículo original. En estas notas Ada describió lo que se considera **el primer algoritmo** destinado a ser procesado por una máquina, lo que le ha servido para ganar el título de primera persona programadora de la historia.

Pero lo que realmente distingue a Ada es su visión futurista. Mientras que muchos veían la Máquina Analítica simplemente como una calculadora avanzada, Ada reconoció su potencial para ir más allá de los números. Imaginó un futuro en el que tal máquina podría crear arte o música, siempre que se le proporcionara la programación adecuada. Esta idea de que una máquina podría realizar tareas no solo lógicas, sino también creativas, fue una anticipación temprana de los conceptos modernos de inteligencia artificial.

En la primera mitad del siglo xx surgió el segundo de los reconocidos fundadores de la inteligencia artificial. El inglés **Alan Turing** (1912-1954) es considerado también como el padre de la computación moderna. Turing creció en una época de grandes cambios y turbulencias sociales, con la Primera Guerra Mundial como telón de fondo. Desde su niñez mostró una excepcional aptitud para las matemáticas y las ciencias. Esta excelencia le llevó a ingresar en el King's College de Cambridge, donde estudió matemáticas. Durante su estancia en Cambridge, se sumergió en el estudio de la lógica y la teoría de la probabilidad, y fue también en este lugar donde comenzó a formular sus ideas revolucionarias sobre la computación. Su tesis, titulada *Sistemas de lógica basados en ordinales,* dio solución al problema de decisión planteado anteriormente por el matemático David Hilbert (1862-1943) y sentó las bases para su trabajo posterior en máquinas de computación.

Años más tarde, sus investigaciones se centraron en unos dispositivos teóricos que pueden simular cualquier algoritmo de computación. **La Máquina de Turing** no es un objeto en el sentido tradicional, sino más bien un modelo teórico que describe cómo una máquina hipotética podría operar sobre un conjunto infinito de símbolos utilizando un conjunto finito de reglas. Consiste en una cinta infinita, dividida en celdas, que puede leerse o escribirse con símbolos. La máquina se mueve a lo largo de esta cinta, leyendo símbolos, escribiendo nuevos símbolos y cambiando su estado interno según un conjunto de instrucciones predefinidas.

Lo que en realidad hizo que la Máquina de Turing fuera tan revolucionaria fue su capacidad para simular cualquier algoritmo computacional, dada la instrucción adecuada. En otras palabras, cualquier cálculo que pueda ser definido y ejecutado algorítmicamente es susceptible de ser simulado por una Máquina de Turing. Esta **universalidad** la convierte en un modelo fundamental para entender cómo funcionan las computadoras y cómo procesan hoy en día la información. Turing demostró que, con una configuración adecuada, su máquina podría resolver problemas matemáticos complejos, y, más crucialmente, que había ciertos problemas que ni siquiera ninguna Máquina de Turing podría resolver. Este descubrimiento, conocido como **el problema de la parada,** fue fundamental para establecer los límites teóricos de la computación.

La relevancia de la Máquina de Turing para la inteligencia artificial que estamos desarrollando hoy radica, como se ha indicado, en su capacidad para simular cualquier proceso computacional. Si se acepta la premisa, tal y como lo hizo Turing, de que el pensamiento humano es, en esencia, un proceso computacional, entonces una máquina adecuadamente programada, en teoría, podría replicar ese pensamiento en todos los casos.

Esta idea fue el germen de otros de los grandes éxitos del matemático inglés, y que más tarde se conocería como el **Test de Turing,** un criterio propuesto por él para determinar si una máquina puede ser considerada inteligente. Pero en 1950 Turing escribió un artículo llamado *Computing machinery and intelligence,* donde planteó una pregunta fundamental: «¿Pueden pensar las máquinas?». En lugar de abordar esta cuestión de manera directa, propuso un experimento imaginario que llamamos el Test de Turing. En este experimento, que todavía se lleva a cabo, un humano interactúa con una máquina y con otro humano a través de un medio de comunicación textual, sin saber cuál es cuál. Si el evaluador humano no puede distinguir cuál es la máquina y cuál es el humano basándose únicamente en sus **respuestas,** entonces se dice que la máquina ha pasado el test y, por lo tanto, es evidente que ha demostrado un nivel de inteligencia comparable al humano.

El Test de Turing no se basa en cómo la máquina llega a sus respuestas, sino simplemente en la calidad y naturaleza de esas respuestas. Esto significa que no importa si la máquina piensa y razona de la misma manera que un humano, sino si puede producir respuestas que sean indistinguibles de las de un ser humano.

Este criterio fue revolucionario porque ofreció una medida práctica y funcional de la inteligencia artificial, alejada de definiciones abstractas o filosóficas sobre la conciencia o el pensamiento. Sin embargo, cómo no, también ha sido objeto de múltiples críticas y debates. Algunos argumentan que pasar el Test de Turing no necesariamente implica verdadera inteligencia o conciencia. Otros sostienen que el test es demasiado antropocéntrico, centrado únicamente en la capacidad de imitar la inteligencia humana y no en otras formas posibles de inteligencia. Pero lo que sí es indudable es que la vida de Turing y su trabajo cimentaron el comienzo formal de la investigación en inteligencia artificial. Desgraciadamente, sus líneas de investigación se vieron truncadas por su prematura muerte debida a la persecución social y penal a la que fue sometido por su homosexualidad.

El último de los tres genios es el que acuñó el término *inteligencia artificial.* **John McCarthy** (1927-2011) nació en Boston y a menudo es referido como el padre de la IA. Al igual que Ada Lovelace y Alan Turing, McCarthy mostró desde joven un talento excepcional para las matemáticas. Las estudió en California y Princeton y pronto se dedicó al mundo de la investigación académica en Stanford y el MIT de Massachusetts.

 Una de las contribuciones más notables de McCarthy al mundo de la informática fue el desarrollo del lenguaje de **programación LISP** en 1958. LISP, que significa *List Processing,* fue diseñado específicamente para la investigación en inteligencia artificial. Su estructura única, basada en el uso de listas como estructuras de datos principales y su capacidad para manipular símbolos, lo hizo ideal para tareas relacionadas con la IA. LISP se convirtió en el lenguaje de programación dominante para la investigación en IA y sentó las bases para múltiples sistemas y aplicaciones posteriores en el campo.

McCarthy, además de crear herramientas y técnicas, fue un visionario que coadyuvó a moldear la dirección y las aspiraciones del campo de la IA. Como ya hemos expresado, fue él quien acuñó el término inteligencia artificial, definiéndolo como «la ciencia e ingeniería de hacer máquinas inteligentes». Para McCarthy, la IA no trataba simplemente de automatizar tareas rutinarias, sino de replicar las capacidades cognitivas humanas, como pueden ser el razonamiento, el aprendizaje y la adaptación. McCarthy creía firmemente en la posibilidad de crear máquinas que pudieran pensar y actuar de manera autónoma, y esta visión optimista y ambiciosa impulsó gran parte de la investigación temprana en IA.

A lo largo de su carrera, McCarthy abogó por un enfoque de la IA **basado en la lógica y el razonamiento formal.** Argumentó que, para que las máquinas realmente piensen, necesitaban ser capaces de razonar sobre el mundo que las rodea, tomar decisiones basadas en la lógica y aprender de sus experiencias. Esta perspectiva ha ejercido una gran influencia en genera-

ciones de investigadores y ha llevado al desarrollo de sistemas basados en el conocimiento, sistemas expertos y otras áreas de la IA que se centran en el razonamiento y la toma de decisiones.

McCarthy es el único de los tres pioneros, cada uno de una época y con perspectivas distintas, que, además de haber aportado un impagable legado a las bases fundacionales de la inteligencia artificial, participó activamente en su puesta en marcha formal como una rama de la investigación. John McCarthy, como se expone en el siguiente capítulo, ejerció de puente **entre la teoría y la realidad** de la IA por medio de su participación en la Conferencia de Dartmouth y sus posteriores investigaciones.

ORÍGENES
FORMALES DE LA IA

La **Conferencia de Dartmouth,** celebrada en el verano de 1956, representó un hito en la historia de la ciencia y la tecnología. Fue un momento en el que un grupo selecto de visionarios se reunió para discutir y dar forma a un campo emergente que prometía revolucionar la comprensión de la inteligencia y la capacidad de las máquinas para replicarla. Esta conferencia es considerada hoy en día como el hito que marca el nacimiento formal de la inteligencia artificial como disciplina académica y de investigación.

El encuentro científico y académico tuvo lugar en el complejo ambiente que vivía el mundo en los años 50 del siglo pasado. La Segunda Guerra Mundial había acelerado el desarrollo de nuevas tecnologías, y la posguerra, con el inicio de la Guerra Fría, vio un auge en la investigación y el interés de los gobiernos en áreas como la cibernética, la teoría de la información y la computación. Las máquinas comenzaron a ser vistas no solo como herramientas de cálculo, sino como entidades que podrían, en teoría, realizar tareas que antes se consideraban exclusivamente humanas, como el razonamiento y el aprendizaje. La fantasía de una **máquina inteligente,** cuyo ámbito parecía más cercano a la ciencia ficción que a la realidad, comenzó a tomar forma desde un punto de vista científico y técnico. Y con ello surgieron interrogantes alrededor de conceptos como pensamiento, autonomía, inteligencia… «¿Qué significa en realidad ser inteligente?», «¿Puede una máquina realmente pensar, o simplemente procesar información de manera eficiente?», fueron algunas de las preguntas fundamentales que los participantes de la Conferencia de Dartmouth esperaban abordar en su encuentro.

Este punto de inflexión, y nacimiento formal de la IA, representó también el reconocimiento colectivo de que la inteligencia artificial no solo era posible, sino que tenía el potencial de transformar el mundo. En pocos años surgieron las primeras pruebas prácticas de inteligencia artificial y algunos de los programas más simbólicos de sus inicios, como ELIZA o MYCIN.

EL NACIMIENTO DE LA IA: LA CONFERENCIA DE DARTMOUTH

Durante los años posteriores a la Segunda Guerra Mundial, el mundo presenció avances sin precedentes en la tecnología y la informática. La invención de **la primera generación de computadoras electrónicas,** como la ENIAC en 1945, había demostrado que las máquinas eran capaces de realizar cálculos complejos a una velocidad y precisión que superaban con creces las capacidades humanas. Pero estas máquinas seguían siendo fundamentalmente calculadoras: no pensaban, no aprendían, y ciertamente no mostraban signos de lo que pudiera considerarse inteligencia.

Estos avances técnicos fueron acompañados en paralelo por avances significativos en campos teóricos que proporcionaron las bases intelectuales para la IA. La **teoría de la información de Claude Shannon** (1916-2001), publicada en 1948, introdujo conceptos fundamentales como el bit como unidad básica de información y demostró que la información podía ser cuantificada y manipulada matemáticamente. En el ámbito de la lógica y la matemática, los trabajos de **Kurt Gödel** (1906-1978) a propósito de los límites de la demostración y la computación, y, como ya se ha visto, los de **Alan Turing** sobre las máquinas de estado y la computabilidad, establecieron las bases teóricas de la computación moderna.

Más allá de los círculos científicos, la cultura popular de la época estaba asimismo fascinada por la idea de máquinas inteligentes. La ciencia ficción, tanto en literatura como en cine, estaba repleta de **robots y computadoras** que podían pensar, sentir e incluso rebelarse. Estas historias reflejaban y alimentaban la curiosidad pública sobre la inteligencia artificial, aunque el concepto aún no se había definido formalmente.

Fue en este contexto de avance tecnológico, especulación cultural y debate filosófico cuando la idea de una conferencia dedicada a la inteligencia de las máquinas comenzó a tomar forma. John McCarthy fue uno de los principales defensores de esta iniciativa. McCarthy estaba convencido de que las máquinas podrían ser programadas para simular cualquier aspecto de la inteligencia humana, y que este esfuerzo requeriría un nuevo campo de estudio: la inteligencia artificial.

En 1955, McCarthy presentó, junto con Marvin Minsky (1927-2016), Nathaniel Rochester (1919-2001) y Claude Shannon, una propuesta para una conferencia de verano de seis semanas dedicada a la inteligencia artificial, que se llevaría a cabo en Dartmouth College al año siguiente. La propuesta era ambiciosa: «El estudio se llevará a cabo mediante tentativas hechas para encontrar cómo hacer que las máquinas utilicen el lenguaje, formen abstracciones y conceptos, resuelvan tipos de problemas ahora reservados para humanos y se mejoren a sí mismas», escribieron. Creían que un grupo de científicos trabajando juntos durante el verano podrían hacer un progreso significativo en este nuevo campo científico-técnico.

Ya en el verano de 1956 uno de los temas centrales de la conferencia fue la necesidad de desarrollar **lenguajes de programación** adecuados para comenzar a trabajar en la IA. En ese momento la programación estaba en sus primeras etapas, y se reconoció la necesidad de lenguajes más avanzados y flexibles que pudieran facilitar la creación de programas de inteligencia artificial. Como se ha indicado más tarde, John McCarthy desarrollaría LISP, un lenguaje que se convertiría en fundamental para la investigación en inteligencia artificial debido a su capacidad para manejar estructuras de datos simbólicas y su enfoque en la recursividad.

El concepto de máquinas que podrían aprender por sí mismas, sin ser explícitamente programadas para tareas específicas, fue otro tema de gran interés. Se discutieron las primeras ideas sobre cómo las máquinas podrían ser entrenadas para mejorar su rendimiento basándose en la experiencia, anticipando lo que hoy se conoce como **aprendizaje automático.** Estas discusiones sentaron las bases para futuras investigaciones en áreas como redes neuronales y algoritmos genéticos.

Uno de los retos que se plantearon fue cómo representar los avances logrados. Los participantes discutieron a propósito de la necesidad de que para que las máquinas piensen o razonen de manera similar a los humanos, habría que crear una forma de representar y procesar el conocimiento. Durante la conferencia se debatió cómo las máquinas podrían representar el conocimiento sobre el mundo y cómo podrían usar ese conocimiento para razonar y tomar decisiones. Estas discusiones llevaron a la creación de sistemas basados en el conocimiento y sistemas expertos en las décadas siguientes. Además de estos temas principales, la conferencia abordó igualmente cuestiones relacionadas con la percepción y el **procesamiento del lenguaje natural.** Estos debates anticiparon desarrollos futuros en áreas como el procesamiento de imágenes y el reconocimiento de voz.

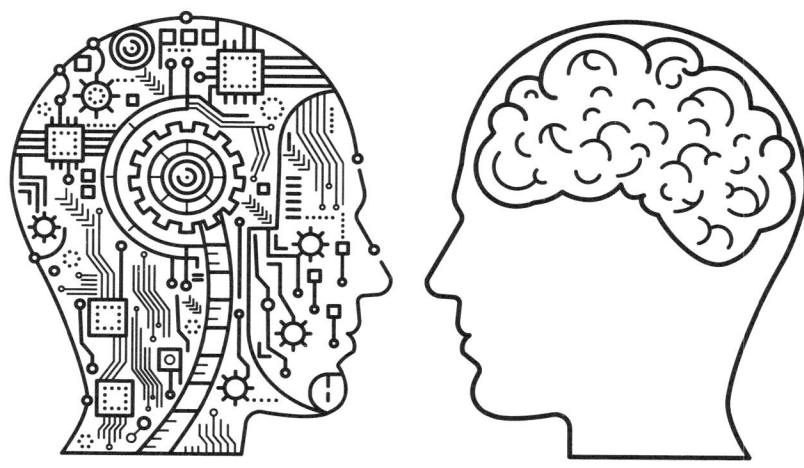

La Conferencia de Dartmouth fue un caldo de cultivo para ideas y discusiones que definirían la dirección de la inteligencia artificial durante décadas. Aunque no todas las ambiciones expresadas durante la conferencia se materializaron de inmediato, el evento estableció una base sólida sobre la cual se construiría el campo de la IA, de manera que sus resultados están interrelacionados entre sí y tuvieron un fuerte valor como inspiración entre los científicos de la época.

El logro más obvio del encuentro fue el de bautizar, e institucionalizar, el nuevo campo de la innovación científica y técnica que comenzaba a desarrollarse. **La elección de *inteligencia artificial* como nombre** para este campo no fue accidental. McCarthy y sus colegas buscaban un término que capturara la esencia de su ambición: crear máquinas que no solo pudieran calcular, sino que también fueran capaces de realizar tareas que, hasta ese momento, se consideraban exclusivas del dominio de la inteligencia humana. El término *artificial* subrayaba el hecho de que esta inteligencia estaba siendo replicada o simulada por medios no biológicos. McCarthy utilizó el término en los papeles preparatorios de la conferencia, un año antes de su desarrollo, y este recibió todas las bendiciones durante el encuentro con el resto de participantes.

Otro de los objetivos –y logros– de la conferencia fue convertirse en un crisol de ideas y visiones. Antes de este encuentro los esfuerzos relacionados con la simulación de la inteligencia humana en máquinas estaban dispersos y carecían de una dirección unificada. Dartmouth cambió esa dinámica y proporcionó **un foro** donde los investigadores pudieron consolidar sus pensamientos y debatir apasionadamente. Este foro dio lugar a uno de los resultados más tangibles: la formación de una **comunidad sólida y colaborativa.** Los participantes, aunque provenían de diversos campos y antecedentes, encontraron un terreno común en su fascinación por la IA. Esta red de colaboradores, formada en Dartmouth, se convirtió en la columna vertebral de múltiples avances significativos a lo largo de las décadas siguientes.

Asimismo, el encuentro tuvo un efecto inmediato a la hora de establecer la inteligencia artificial no como una quimera, sino como un área de investigación a la que dedicar el conocimiento de los científicos no afectaría a su reputación académica. De esta manera, inspirados por la energía y las visiones compartidas en la conferencia, muchos participantes regresaron a sus instituciones con el propósito de trabajar en este nuevo campo de una forma sistemática y con todos los medios disponibles a su alcance. Gracias a Dartmouth florecieron los **laboratorios y centros de investigación,** con instituciones como el MIT liderando el camino. El entusiasmo generado por la conferencia y su repercusión en los medios de comunicación atrajeron la atención de financiadores, tanto gubernamentales como privados, que vieron el potencial transformador de la IA y estaban dispuestos a invertir en su futuro.

La conferencia de 1956 no extinguió su influencia iluminando solo a sus participantes inmediatos. Sirvió como un faro para las generaciones futuras de investigadores. Las discusiones que tuvieron lugar en esas salas de conferencias, las visiones compartidas y los desafíos planteados han inspirado a innumerables individuos a lo largo de los años, impulsándolos a explorar, innovar y expandir los límites de lo que la IA puede lograr.

LAS PRIMERAS INTELIGENCIAS ARTIFICIALES Y PROGRAMAS SIMBÓLICOS: ELIZA Y MYCIN

En el período inmediatamente posterior a la conferencia de Dartmouth, la comunidad científica y tecnológica experimentó un auge en el interés por la IA. Las discusiones que habían tenido lugar en Dartmouth no solo definieron las principales áreas de estudio dentro de la inteligencia artificial, sino que también inspiraron a una **nueva generación** de investigadores a llevar estas ideas del papel a la práctica. Dsede entonces, las universidades de todo el mundo comenzaron a establecer departamentos dedicados a la IA, y al mismo tiempo se formaron grupos de investigación centrados en explorar y desarrollar las teorías discutidas en la conferencia.

Los albores de la inteligencia artificial estuvieron marcados por una combinación de audacia, innovación y la ambición de replicar las capacidades cognitivas humanas dentro de máquinas. En esta época formativa, varios pioneros trabajaron en la vanguardia de la IA, creando una serie de aplicaciones que establecieron las bases para desarrollos futuros.

El *General Problem Solver* (GPS) nació en 1957 de la mano de Allen Newell (1927-1992) y Herbert A. Simon (1916-2001) Estos dos visionarios, provenientes de campos como las ciencias de la computación y la psicología, se embarcaron en una misión cuyo objetivo era diseñar un sistema que pudiera emular la destreza humana en la resolución de problemas. Con el GPS pretendían crear una especie de **mente universal,** capaz de abordar cualquier desafío presentado ante ella, una meta verdaderamente revolucionaria para su tiempo. El núcleo de la metodología del GPS era la descomposición de problemas. En lugar de enfrentar un desafío complejo en su totalidad, el sistema lo dividiría en fragmentos o subproblemas más manejables. A continuación, intentaría reducir la brecha entre un estado inicial, donde se encuentra al inicio del problema, y un estado objetivo, que representa la solución deseada. Para hacer esto el GPS empleaba **reglas heurísticas.** En esencia, estas reglas eran generalizaciones programadas que indicaban cómo actuar o pensar en una situación particular. Tales bases servían como atajos, permitiendo al sistema hacer suposiciones informadas y avanzar hacia una solución sin tener que explorar exhaustivamente todas las posibles opciones. A pesar de su diseño innovador y de la promesa que mostró, el GPS no estuvo exento de desafíos. Enfrentó dificultades significativas cuando se trataba de problemas que no estaban claramente definidos o que eran inherentemente complejos. Estas limitaciones surgieron en parte debido a la inmadurez relativa de la tecnología en ese momento y a la enormidad de la tarea de simular el razonamiento humano en una máquina. Aunque no alcanzó plenamente su objetivo de ser un solucionador universal, su legado fue demostrar que era posible para las máquinas aproximarse, al menos en parte, a la complejidad del pensamiento humano.

Como ya se había apuntado en páginas anteriores al destacar la importancia de la figura de John McCarthy, en 1958 el mundo de la inteligencia artificial dio un salto significativo cuando el científico presentó el **lenguaje de programación LISP.** Este avance nació de la necesidad identificada por McCarthy y otros investigadores de disponer de un lenguaje de programación que estuviera intrínsecamente adaptado a las demandas y complejidades específicas de la IA. LISP destacó desde el principio por su adaptabilidad y versatilidad, especialmente en su capacidad para manejar manipulaciones simbólicas y listas, que eran –y en muchos aspectos todavía son– vitales para la programación de IA. Este lenguaje introdujo al mundo de la computación conceptos que eran innovadores para su tiempo, como la programación funcional y la recursión. Dichas herramientas permitieron a los programadores diseñar sistemas que podrían reflexionar sobre sus propias operaciones o incluso modificar su propio código, una idea revolucionaria que llevó a muchos a considerar a LISP como el primer lenguaje de programación inteligente.

En el mismo año, 1958, Frank Rosenblatt (1928-1971) creó **Perceptrón,** un algoritmo que representó uno de los primeros intentos de modelar una neurona artificial. Estaba inspirado directamente en la estructura y función de las neuronas biológicas del cerebro humano. Rosenblatt imaginó un sistema que, como las neuronas humanas, tomaría una serie de entradas, las procesaría y luego produciría una salida. El Perceptrón funcionaba al tomar este conjunto de entradas, ponderarlas según su importancia o relevancia, y luego producir una única salida binaria, generalmente un 0 o un 1. Lo que hizo que este sistema fuera particularmente destacado en su época fue su capacidad de aprendizaje. Al ser expuesto repetidamente a datos y ajustar sus ponderaciones en función de los errores cometidos, el Perceptrón podría, en teoría, aprender y mejorar con el tiempo, una idea que resonaba con la aspiración central de la inteligencia artificial: **máquinas que podrían aprender y adaptarse.** Esa idea de una máquina que podía aprender de sus errores fue revolucionaria, pero el Perceptrón no estuvo exento de desafíos y críticas. A pesar de su innovador enfoque y las altas esperanzas depositadas en él, pronto se descubrió que tenía limitaciones significativas, ya que se comprobó que el Perceptrón no podía procesar funciones que no fueran linealmente separables, lo que restringía su aplicabilidad. Este relativo fracaso enfrió el entusiasmo general en torno a las redes neuronales y llevó a una reducción en la financiación y la investigación en esta área hasta la década de 1980.

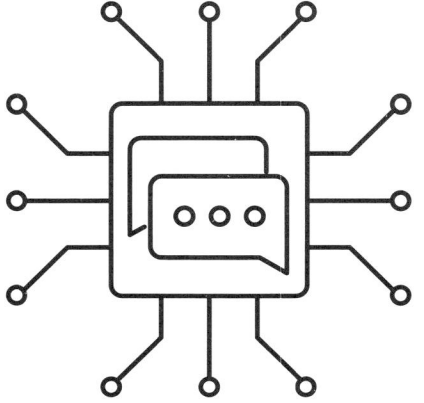

Este período también vio el nacimiento de algunas de las primeras y más influyentes aplicaciones prácticas de la IA: ELIZA y MYCIN fueron los dos principales desarrollos de la IA tras la Conferencia de Dartmouth. Ambos mostraron que la IA podía tener aplicaciones prácticas fuera del entorno de la investigación académica y la teoría de la computación.

Antes de la era de los asistentes virtuales y de las charlas con dispositivos inteligentes, se inventó una aplicación pionera que sorprendió al mundo de la tecnología en la década de 1960. **ELIZA** desempeñó un papel vital en el camino hacia la aplicación práctica de la inteligencia artificial tal como hoy se la conoce. ELIZA fue creada entre 1964 y 1966 por **Joseph Weizenbaum** (1928-2008) en el MIT de Massachusetts. ELIZA era aparentemente un programa de computadora más, pero lo que la distinguía era su capacidad para simular una conversación con un usuario humano. Para llevar a cabo la tarea utilizaba un conjunto de reglas y patrones, con los que podía replicar una conversación en la que parecía que el programa realmente entendía al usuario.

Uno de los *scripts* más famosos de ELIZA fue **DOCTOR,** que emulaba a un terapeuta rogeriano. Esta rama terapéutica del Dr. Carl Rogers se basa en el principio de que el terapeuta debe proporcionar un ambiente empático y no directivo, lo que permite que el paciente explore y comprenda sus propios sentimientos y preocupaciones. El terapeuta, en lugar de dirigir la conversación, a menudo refleja las palabras del paciente para fomentar su introspección y autoexploración. Utilizando este enfoque como modelo, el *script* DOCTOR de ELIZA fue diseñado para reflejar y reformular las declaraciones de los usuarios. Por ejemplo, si un usuario decía «Tengo problemas con mi hermano», ELIZA podría responder: «¿Qué te hace sentir así sobre tu hermano?». O si un usuario afirmaba: «Estoy triste», ELIZA podría contestar: «Lo siento, ¿puedes decirme por qué te sientes triste?». Estas respuestas, generadas a partir de reglas predefinidas y patrones en las declaraciones del usuario, emulaban la técnica rogeriana de **escucha activa y reflejo.** El punto crucial de la programación de ELIZA era que no entendía las conversaciones en el sentido humano de comprensión. No tenía sentimientos, conciencia, ni intenciones. Todo lo que hacía era reflejar y reformular las entradas del usuario según una serie de reglas programadas. A pesar de esta simplicidad subyacente, muchas personas que interactuaron con ELIZA sintieron que el programa realmente las comprendía.

Algunos usuarios incluso comenzaron a compartir secretos profundos y emociones personales, sintiendo que estaban en una verdadera sesión terapéutica. Este fenómeno sorprendió y preocupó a Weizenbaum y lo llevó a reflexionar sobre la relación entre humanos y máquinas y acerca de las **responsabilidades éticas** al diseñar sistemas que pueden simular comprensión y empatía.

En términos de su relación con la historia de la inteligencia artificial, ELIZA fue un hito porque mostró la posibilidad de usar máquinas computadoras para simular conversaciones humanas, un campo que hoy se conoce como **procesamiento de lenguaje natural (PLN).** Aunque las téc-

nicas de ELIZA eran rudimentarias en comparación con las tecnologías actuales de PLN, establecieron un precedente y una aspiración para futuros desarrollos en este campo. Su relevancia también es debida a la reacción de las personas al tratar con ELIZA, lo que subrayó la poderosa capacidad de los humanos para antropomorfizar y buscar una conexión emocional, incluso con las máquinas. Esta lección es relevante para cualquier discusión sobre IA, dado que poner el foco en la forma en que las personas perciben y se relacionan con la tecnología es a menudo tan importante, si no más, que las capacidades técnicas reales de esa tecnología.

El siguiente hito de calado del incipiente desarrollo de la IA tuvo lugar en la Universidad de Stanford en la década de 1970. En su laboratorio, **Edward Shortliffe** (1947) creó **MYCIN.** Este programa fue el más exitoso de los primeros sistemas expertos, aquellos creados para imitar la toma de decisiones de un experto humano en un campo específico, en este caso en el diagnóstico de enfermedades infecciosas de la sangre y en la recomendación del tratamiento adecuado con antibióticos.

MYCIN utilizaba un conjunto de aproximadamente 450 reglas heurísticas, que son esencialmente reglas «si-entonces», para guiar su razonamiento. Una de estas reglas podría ser «Si el paciente tiene síntoma X y síntoma Y, pero no síntoma Z, entonces es probable que tenga infección A». A través de estas reglas, MYCIN realizaba preguntas a los médicos con los que interactuaba, solicitando detalles específicos sobre los síntomas y signos clín cos del paciente, y luego haría su recomendación de diagnóstico y tratamiento. MYCIN fue sorprendentemente preciso en su tiempo: en su período de pruebas el sistema consiguió alcanzar en bastantes ocasiones el diagnóstico de los especialistas en enfermedades infecciosas con los que se comparaba. De hecho, en algunas evaluaciones, MYCIN superaba la **precisión diagnóstica** de los médicos humanos en los casos que se le presentaban.

A pesar de su éxito técnico, nunca se implementó en un entorno clínico real. Las preocupaciones acerca de la responsabilidad, la aceptación por parte de los médicos y las limitaciones tecnológicas de la época impidieron su despliegue generalizado. Sin embargo, su verdadero impacto radica en lo que demostró: que las máquinas, armadas con suficientes datos y reglas, podrían igualar, y en ocasiones superar, el razonamiento humano en tareas complejas. Además, MYCIN llevó al desarrollo de otros sistemas expertos y sentó las bases para futuros esfuerzos en inteligencia artificial en medicina.

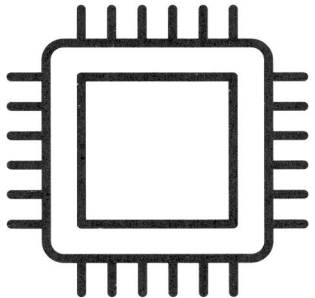

CONCEPTOS
FUNDAMENTALES

D esde hace décadas, diferentes enfoques y conceptos han ido dando forma al campo actual de la inteligencia artificial. La definición de la IA, por sus especiales características y la vanguardia de su estudio, no es estática ni monolítica. Es un campo en **constante evolución** que se adapta y cambia a medida que la comprensión más profunda sobre sus conceptos y utilidad –y la tecnología– avanzan. Este capítulo recoge los enfoques, categorías y conceptos principales de la inteligencia artificial, y su cambio a lo largo del tiempo, para mostrar un mapa completo y actual de la IA.

LOS ENFOQUES DE LA IA

La inteligencia artificial se ha movido en un marco definido por cuatro enfoques diferentes que se entremezclan y complementan: **razonamiento, aprendizaje, reconocimiento de patrones y lógica y autocorrección.** Desde los albores de la computación, una de las metas ha sido crear máquinas capaces de pensar como lo hace un humano. Esto se relaciona directamente con la **capacidad de razonar,** de seguir una serie de pasos lógicos para resolver un problema o llegar a una conclusión. Alan Turing, como ya se ha visto en estas páginas, propuso una idea simple pero profunda: si una máquina se comporta de tal manera que no es posible distinguir su comportamiento del de un humano, ¿se puede decir que no es inteligente? Pero esta perspectiva se enfrenta a importantes críticas, ya que el simple hecho de replicar el comportamiento humano no necesariamente implica comprensión o consciencia.

El enfoque basado en el aprendizaje se centra en dar el paso para que en lugar de programar una máquina para que realice una tarea específica, se la pueda enseñar a aprender a hacerlo por sí misma. Esta perspectiva concibe a la IA como una entidad que puede aprender de la experiencia, mejorar con el tiempo y adaptarse a situaciones nuevas. Esta visión ha ganado particular importancia en las últimas décadas con el auge del aprendizaje automático, la subdisciplina de la IA –que se tratará en este mismo capítulo–, y donde las máquinas aprenden de los datos en lugar de seguir instrucciones explícitas.

El tercer enfoque tiene como base la capacidad de los seres humanos de **reconocer patrones:** desde rostros hasta canciones, pasando por el lenguaje o las emociones. Esta habilidad no es fácil de replicar en máquinas. Por eso este enfoque de la IA busca emular tal capacidad humana de identificar y clasificar patrones en la información. Esta interpretación es fundamental en áreas como la visión por computadora y el procesamiento del lenguaje natural.

El último de los enfoques que se ha desarrollado consiste en entender la IA desde una perspectiva de sistemas que operan bajo una serie de reglas lógicas y que pueden corregir y optimizar sus acciones. Estos sistemas, en teoría, podrían tomar decisiones basadas en un conjunto predefinido de reglas y, al mismo tiempo, ajustar esas reglas basándose en los resultados de sus acciones.

En líneas generales, las aplicaciones actuales de IA han conseguido armonizar los cuatro enfoques que hemos explicado, para poder ofrecer unos resultados lo más satisfactorios posible ante problemas concretos que se generan en el mundo actual.

LAS CATEGORÍAS DE LA IA

Desde sus inicios, el imparable desarrollo de la inteligencia artificial ha hecho evidente que no todas las IA son iguales en capacidad o en diseño. Para comprender mejor la diversidad y riqueza de este campo, se ha ico dando forma a lo largo de los años a una serie de categorías básicas sobre la que encajar el tipo de IA que cada proyecto lleva a cabo.

Existen dos categorías principales: la IA débil, o estrecha, y la IA fuerte, o general. La **IA débil** es la categoría que se encuentra con más frecuencia en el día a día. Se denomina así porque se refiere a sistemas diseñados y entrenados para una tarea específica. A diferencia de la IA fuerte, que aspira a replicar la inteligencia humana en su totalidad, la IA débil no tiene conciencia, emociones ni la capacidad de realizar tareas fuera de su **alcance predefinido.** Pero dentro de ese **ámbito específico** para el que fue diseñada puede superar a los seres humanos en velocidad, precisión y eficiencia. Uno de los ejemplos más comunes de IA débil es el algoritmo de recomendación utilizado por plataformas como Netflix o Spotify. Estos sistemas analizan patrones de comportamiento, historiales de visualización o escucha, y con posterioridad sugieren contenido que podría ser del interés del usuario. Si bien estas recomendaciones pueden parecer simples a primera vista, están respaldadas por complejos algoritmos y enormes cantidades de datos procesados.

A pesar de su eficacia en **tareas específicas,** es fundamental entender que la IA débil no tiene la capacidad de pensar o sentir como un humano. Opera basada en **datos y algoritmos,** y no puede aventurarse fuera de su dominio programado. Pero es esta especialización la que precisamente la hace tan potente en determinados contextos.

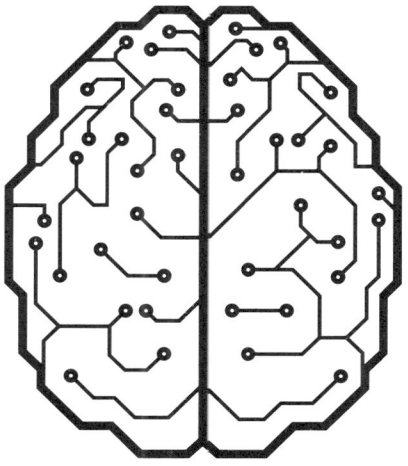

La **IA fuerte,** también conocida como **IA general,** representa la cúspide de lo que la ciencia y la tecnología aspiran a alcanzar: una máquina tan capaz **como la mente humana** en todas sus facetas, desde el razonamiento abstracto y la resolución de problemas hasta la creatividad artística y la empatía emocional. La IA fuerte promete superar la especialización de la IA débil, aspirando a la **versatilidad y adaptabilidad** que caracteriza al intelecto humano.

Hay que destacar que, a pesar de los avances significativos en el campo de la IA, la inteligencia artificial fuerte sigue siendo en gran medida un objetivo teórico. Hasta la fecha no se ha desarrollado una máquina que posea una comprensión y una conciencia generalizadas del mundo a su alrededor, que pueda formular teorías propias, tener intenciones o ser consciente de sí misma. La creación de una IA fuerte requiere superar desafíos de gran calado. Uno de ellos es el desarrollo de lo que los científicos llaman **«sentido común» en las máquinas.** Comprender y codificar esta característica del razonamiento humano en las máquinas constituye uno de los principales obstáculos en esta travesía.

A lo largo de la vida, el ser humano adquiere un conocimiento fundamental acerca del mundo que le rodea, un entendimiento que es casi instintivo. Cuestiones básicas como que, si se suelta un objeto, caerá al suelo; si se toca el fuego, producirá quemaduras… Pero, para las máquinas, este tipo de lógica no es innata y tiene que ser meticulosamente enseñada. **Douglas Lenat** (1950-2023) emprendió en los años 80 un ambicioso proyecto llamado **CYC,** cuyas siglas provienen de la palabra *encyclopedia,* con la intención de inculcar este vasto conocimiento del sentido común en un sistema. La idea central era codificar, en forma de hechos y reglas, una gran cantidad del conocimiento del sentido común humano. Lenat y su equipo creían que al proporcionar a una máquina una amplia base de este tipo de conocimientos, esta sería capaz de razonar de manera más humana. El proceso de desarrollo de CYC implicaba la introducción manual de millones de hechos y reglas en el sistema. Tales hechos abordaban una variedad de dominios, desde hechos obvios como «El agua se congela a 0 grados Celsius» hasta reglas más complejas sobre comportamientos y expectativas sociales.

Uno de los principales desafíos que enfrentó el proyecto fue la enorme complejidad y amplitud del conocimiento del sentido común. Mientras que algunas reglas y hechos pueden ser fáciles de codificar, múltiples situaciones en la vida diaria dependen de **matices y contextos** que son difíciles de representar en una forma estructurada. El proyecto todavía sigue en marcha de la mano de una empresa fundada por el propio Lenat. CYC es considerada una de las bases de conocimiento más grandes del mundo. Se ha utilizado en diversas aplicaciones, desde la búsqueda de información hasta la integración de bases de datos y la automatización de tareas.

La IA fuerte está viviendo en la actualidad un cambio en el modelo de plantear sus prioridades. Hasta ahora, como ocurría con el proyecto CYC, las máquinas han requerido grandes cantidades de datos para lograr un aprendizaje similar. En la actualidad la tónica está cambiando y la aparición de técnicas avanzadas, como el **aprendizaje por transferencia,** está permitiendo que las máquinas apliquen lo que aprenden de una tarea a situaciones completamente nuevas. Un ejemplo destacado de esta capacidad de generalización es AlphaZero de DeepMind. En lugar de depender de datos de partidas previas, esta máquina de aprendizaje automático se entrenó a sí misma para jugar y dominar juegos complejos como ajedrez, go y shōgi.

El otro campo en el que la IA fuerte comienza hoy a mostrar de forma práctica la realidad de su potencial tiene que ver con **el lenguaje.** La capacidad de comunicación, de expresión y de entender ideas abstractas a través de palabras es una piedra angular de la inteligencia humana. Los esfuerzos en el campo del **procesamiento del lenguaje natural** están dando lugar a máquinas cada vez más hábiles en este dominio. En este campo destaca el ChatGPT 4 de OpenAI. Aunque todavía se basa en patrones y datos y carece de un entendimiento en el sentido humano, su habilidad para generar texto coherente y responder a una multitud de solicitudes en lenguaje natural es asombrosa.

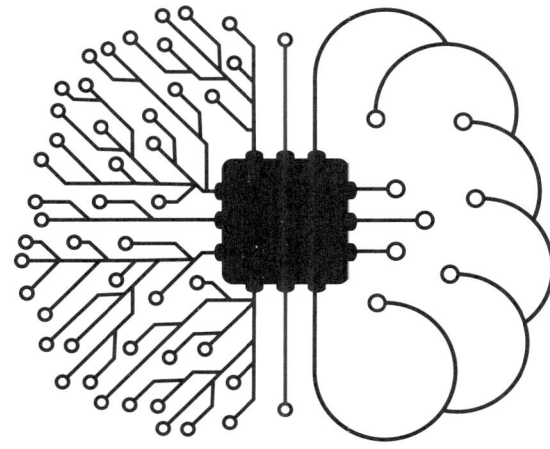

Esta máquina es capaz de redactar ensayos, crear poesía e incluso música, mostrando una fluidez lingüística que antes se pensaba estaba reservada solo para los humanos.

Todos los expertos en inteligencia artificial coinciden en que el desarrollo de la IA fuerte está llegando a un punto de inflexión en el que las teorías que durante décadas han llenado libros de investigación van a poder ir adquiriendo aplicaciones prácticas que revolucionarán la vida cotidiana en el planeta. Estos mismos estudios creen que el futuro inmediato de la IA fuerte pasa por estudiar las valiosas pistas que el cerebro humano proporciona: su estructura y su funcionamiento siguen siendo una fuente de inspiración y estudio. Proyectos como el **Human Brain Project** buscan emular esta compleja red de neuronas y sinapsis en supercomputadoras, proporcionando no solo una mejor comprensión de este órgano, sino también mostrando posibles caminos hacia una inteligencia artificial verdaderamente avanzada.

Además de las dos categorías primarias de inteligencia artificial, la propia especialización y el avance de los proyectos han llevado a que hoy en día se utilicen otros términos, a modo de **subcategorías,** que permitan aclarar hacia dónde se dirigen el estudio y las aplicaciones sobre IA.

La inteligencia artificial reactiva basa su trabajo en máquinas que no tienen memoria de experiencias pasadas y se centran únicamente en la tarea que tienen entre manos. Un buen ejemplo es el programa que juega al ajedrez, que analiza las posibles jugadas y selecciona la mejor basada en algoritmos predefinidos.

La IA limitada con memoria experimenta con máquinas que pueden usar datos, o experiencias pasadas, a fin de informar decisiones actuales. Un ejemplo de esta categoría son los vehículos autónomos que utilizan la información de rutas anteriores para tomar decisiones en tiempo real.

La inteligencia artificial de la teoría de la mente cae en el ámbito de la IA que todavía no se ha logrado poner en práctica. Con ella se pretende crear máquinas que tendrían la capacidad de entender emociones, creencias y relaciones interpersonales, similar a como los humanos comprenden a otros seres humanos. En este mismo campo de la IA fuerte avanzada se desarrollan programas de inteligencia artificial con autoconciencia; de esta manera, la máquina no solo entendería las emociones y sentimientos, sino que también tendría los suyos propios; sería consciente de sí misma. Tal perspectiva marca casi el **límite entre la realidad y la ficción** y plantea una serie de conflictos éticos y morales que se han de abordar antes de profundizar en investigaciones encaminadas a este fin.

HERRAMIENTAS SILENCIOSAS

A lo largo de la última década, la inteligencia artificial ha emergido como una fuerza disruptiva en múltiples sectores. El éxito conseguido en aplicaciones para la salud, las finanzas, la industria del entretenimiento y la logística no se deben a una única herramienta casi mágica, sino a una amalgama de herramientas y técnicas que, al combinarse, han dado vida a este **fenómeno social** en el que se ha convertido la inteligencia artificial. El aprendizaje automático constituye el pilar fundamental de esta transformación, pero el aprendizaje profundo con las redes neuronales y los algoritmos genéticos, como buque insignia de la IA, ha dado lugar a una serie de herramientas que permiten transformar en realidades tangibles del día a día lo que hace pocos años era solo una teoría del ámbito académico. Estas técnicas, aunque operan en silencio y muchas veces de manera invisible, son las verdaderas protagonistas del renacimiento tecnológico que está presenciando la sociedad actual. Si bien en ocasiones pueden asustarnos el lugar que ocupan u ocuparán las máquinas, nadie puede detener el progreso, por lo que siempre es mejor informarse.

APRENDIZAJE AUTOMÁTICO

El aprendizaje automático y el aprendizaje profundo representan dos de los avances más significativos en la historia reciente de la inteligencia artificial, y han servido como catalizadores para una aceleración en las capacidades y aplicaciones de la IA en la última década. La relación sinérgica entre ambos ha dado forma a la evolución de la inteligencia artificial en tiempos recientes. Juntos han desplazado el paradigma de una IA basada en reglas rígidas y lógica simbólica hacia una IA que es adaptable, escalable y **capaz de aprender** de manera continua a partir de su entorno. Esta transformación no solo ha permitido a las máquinas realizar tareas con una precisión sin precedentes, sino que además ha abierto la puerta a aplicaciones y servicios que antes eran material de ciencia ficción. En el panorama general de la IA, el aprendizaje automático y el aprendizaje profundo no son solo técnicas o herramientas; constituyen pilares que sostienen la visión contemporánea de una **inteligencia artificial versátil y omnipresente** en la vida cotidiana.

El aprendizaje automático (*Machine Learning,* en inglés) es uno de los avances tecnológicos más revolucionarios de las últimas décadas. Como ya se ha visto en páginas anteriores, sus raíces se remontan a mediados del siglo xx, cuando pioneros de la computación como Alan Turing empezaron a plantear la pregunta: «¿pueden las máquinas pensar?». Desde entonces la respuesta a esta pregunta ha evolucionado, llevando a un entendimiento más profundo y matizado de cómo las máquinas pueden aprender a partir de datos en lugar de simplemente ejecutar tareas predefinidas.

A diferencia de la programación tradicional, donde los desarrolladores escriben instrucciones explícitas para que una máquina realice una tarea, en el aprendizaje automático se enseña a la máquina **a identificar patrones y tomar decisiones** basadas en datos. A fin de comprender esta diferencia, se puede tomar el ejemplo en el que se quiere enseñar a una máquina a diferenciar entre fotos de gatos y perros. En un enfoque tradicional el programador trataría de escribir reglas específicas basadas en características observadas, como «si tiene orejas puntiagudas, entonces es un gato». Este tipo de enfoque cuenta con una enorme complejidad a la hora de la introducción de datos, debido a las excepciones inherentes a la propia naturaleza. En contraposición, en el aprendizaje automático, el programador simplemente alimentaría a la máquina con miles de fotos etiquetadas de gatos y perros, y dejaría que ella misma determinase características distintivas. El aprendizaje automático ha ampliado el horizonte de lo que es factible en campos como el procesamiento de imágenes, la recomendación de productos y la detección de fraudes, etc.

Existen múltiples **enfoques y métodos** para enseñar a una máquina bajo el concepto de aprendizaje automático, pero el acuerdo científico actual se centra en tres categorías principales: aprendizaje supervisado, aprendizaje no supervisado y aprendizaje por refuerzo. Cada uno de estos enfoques tiene su propio conjunto de reglas, metodologías y aplicaciones en el mundo real.

En el **aprendizaje supervisado** se proporciona a la máquina un conjunto de datos con entradas etiquetadas. Estas etiquetas indican cuál es el resultado esperado para cada entrada. Con un volumen adecuado  de datos, la máquina aprende a asociar entradas con salidas y, en última instancia, a predecir salidas para nuevas entradas que no había visto antes. Este método se emplea comúnmente en aplicaciones donde se conoce el resultado que se desea obtener. Como se acaba de ver previamente, un ejemplo clásico se basa en entrenar a un programa para que reconozca imágenes de gatos, proporcionándole miles de imágenes, algunas etiquetadas como «gato» y otras como «no gato». Con el entrenamiento adecuado, o lo que es lo mismo, un mayor número de datos, el programa mejora por sí solo en la identificación de gatos en imágenes nuevas.

El **aprendizaje no supervisado** se diferencia del enfoque anterior en que la máquina recibe datos sin etiquetas y se le encarga hallar por sí misma patrones o estructuras subyacentes. Básicamente, descubre y aprende sin una guía explícita. Un uso actual de este tipo de aprendizaje es el método de la segmentación de mercado en negocios, en la que se utilizan algoritmos para clasificar a los clientes en diferentes categorías según sus comportamientos de compra, sin tener categorías establecidas previamente.

En el **aprendizaje por refuerzo** las máquinas toman decisiones y realizan acciones en un entorno, y reciben recompensas o penalizaciones según las consecuencias de dichas acciones. A lo largo del tiempo la máquina aprende a realizar las acciones que maximizan sus recompensas. Este método ha demostrado ser prometedor en áreas como la robótica y los juegos, donde las máquinas aprenden mediante el ensayo y el error.

¿Cómo consiguen las máquinas aprender en una IA de aprendizaje automático? Aunque a menudo se ha visto envuelto en un halo de misterio y complejidad, propio de las investigaciones más modernas, el **aprendizaje automático** sigue un proceso estructurado y lógico que permite a las máquinas aprender a partir de datos. Este proceso, si bien técnico en su naturaleza, puede entenderse como una serie de etapas que, cuando se combinan, dan como resultado un modelo de aprendizaje automático funcional.

El primer paso tiene que ver con **la recopilación y la preparación de datos.** Estas son el combustible que impulsa el aprendizaje automático. Sin datos, las máquinas no tendrían información para aprender. Así, si se quisiera construir un sistema para reconocer la escritura a mano, se necesitarían miles, o quizá millones, de ejemplos de escritura a mano de diferentes personas. Pero simplemente tener los datos no es suficiente. Estos datos deben limpiarse y procesarse para garantizar su calidad. Siguiendo con el ejemplo de reconocimiento de escritura a mano, esto podría significar eliminar cualquier imagen que esté borrosa o que no corresponda a un carácter legible.

Una vez que se tienen los datos listos, se pasa a la **elección del modelo y su entrenamiento.** Dependiendo de la tarea se puede optar por diferentes tipos de modelos, desde simples regresiones lineales hasta complejas redes neuronales. El entrenamiento es el proceso mediante el cual el modelo aprende a partir de los datos. En el ejemplo de reconocimiento de

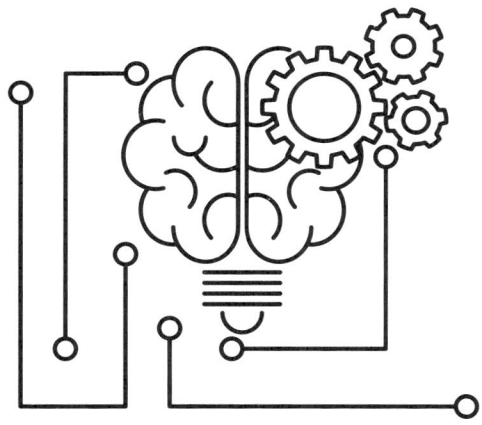

escritura a mano, el entrenamiento implicaría mostrar al modelo miles de imágenes y decirle qué carácter representa cada imagen, hasta que el modelo pueda hacer sus propias predicciones con precisión. Pero no basta con entrenar el modelo. Es vital **evaluar y ajustar su rendimiento.** Esto se realiza normalmente dividiendo los datos en un conjunto de entrenamiento, que se utiliza para enseñar al modelo, y un conjunto de prueba, que se usa para evaluar su precisión. Si el modelo tiene un rendimiento excelente en el conjunto de entrenamiento, pero pobre en el conjunto de prueba, puede estar sobreajustando, lo que significa que ha memorizado los datos de entrenamiento en lugar de aprender a generalizar a partir de ellos. En contraste, si funciona mal en ambos conjuntos, podría estar subajustando, indicando que no ha aprendido lo suficiente. Ajustar un modelo puede implicar cambiar su estructura, obtener más datos o, en ocasiones, empezar desde cero. Una vez que se tiene un modelo bien afinado, este se puede desplegar en entornos reales. En el caso del ejemplo de la escritura a mano, esto podría traducirse en una aplicación que las personas usen para convertir su escritura a mano en texto digitalizado. Sin embargo, el trabajo no termina una vez que el modelo está en funcionamiento: es crucial monitorizar su rendimiento con el tiempo y ajustarlo según sea necesario, ya que los datos y las circunstancias pueden cambiar.

El aprendizaje automático, como toda herramienta poderosa, tiene sus propias peculiaridades y desafíos. Uno de los más importantes retos en este campo es la llamada **«maldición de la dimensionalidad».** A medida que aumenta el número de características o dimensiones de un conjunto de datos, el volumen del espacio aumenta exponencialmente, lo que hace que los datos disponibles se dispersen. Ello puede dar lugar a modelos de aprendizaje automático que requieran una cantidad exorbitante de datos para entrenarse de manera efectiva. Así, en la detección de enfermedades a partir de genomas completos, el vasto número de genes y posibles interacciones puede complicar la identificación de patrones significativos.

Otro desafío intrínseco al aprendizaje automático es su capacidad para **amplificar y perpetuar sesgos existentes** en los datos. Si un modelo se entrena en datos históricos que reflejan prejuicios, como podría ser el caso de datos de contratación laboral que favorecen a un género o raza específicos, el modelo probablemente reproducirá y amplificará ese sesgo en sus predicciones. Un caso notorio es el de algunos sistemas de reconocimiento facial que mostraron tener dificultades para identificar correctamente a personas de piel oscura, debido en parte a conjuntos de entrenamiento que había dado un peso mayor al número de datos de gente con la piel más clara. Otra de las críticas que se realizan a este tipo de aprendizaje tiene que ver con alguno de los algoritmos más modernos que actúan esencialmente como cajas negras, produciendo predicciones sin una explicación clara de cómo llegaron a tales conclusiones. Esta **falta de transparencia** puede ser problemática en campos como la medicina o el derecho, donde entender el porqué detrás de una decisión es crucial.

APRENDIZAJE PROFUNDO Y REDES NEURONALES

El aprendizaje profundo se percibe a menudo como un fenómeno moderno en la intersección de la informática y la inteligencia artificial, pero tiene sus raíces en ideas que se remontan a varias décadas atrás. Esta técnica se ha consolidado como una de las principales fuerzas impulsoras detrás de los recientes avances espectaculares en la inteligencia artificial. Para entender el aprendizaje profundo es esencial contextualizarlo dentro del marco más amplio del aprendizaje automático, a fin de poder destacar sus diferencias. Mientras que, como se ha visto en las páginas anteriores, el aprendizaje automático implica enseñar a las máquinas a aprender y tomar decisiones a partir de datos, el aprendizaje profundo se centra en la utilización de estructuras específicas, conocidas como **redes neuronales,** que, tal como se esbozó en las primeras páginas de este libro, pueden tener muchas capas, o ser profundas; de ahí su nombre.

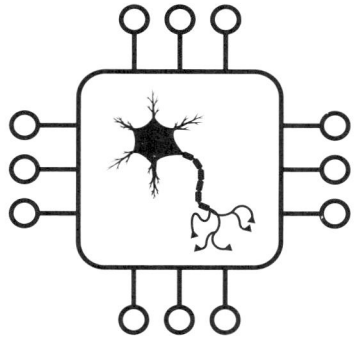

La idea detrás de las redes neuronales se inspiró en la estructura y funcionamiento del cerebro humano. En la cécada de 1940, Warren McCulloch (1898-1969) y Walter Pitts (1923-1969) introdujeron un **modelo matemático simplificado de una neurona,** proponiendo que las redes de estas unidades podrían formar la base de sistemas de cálculo complejos. Aunque esta idea inicial estaba lejos de la complejidad de las redes neuronales modernas, sentó las bases para futuras investigaciones.

Durante los años 60 y 70 surgieron los primeros modelos de redes neuronales, como el ya conocido **Perceptrón.** Semejantes intentos de construcción enfrentaron limitaciones significativas, y no fue hasta la introducción de algoritmos como la **retropropagación,** en la década de 1980, cuando las redes neuronales empezaron a mostrar su verdadero potencial. La retropropagación permitió a estas redes ajustar automáticamente sus pesos internos en función de los errores, optimizando así su rendimiento. A pesar de los avances tempranos, las redes neuronales y el aprendizaje profundo estuvieron en gran medida en segundo plano durante varias décadas. La razón principal fue doble: por una parte, la falta de poder computacional, y, por otra, la escasez de grandes conjuntos de datos, ambos esenciales para entrenar modelos profundos eficazmente. Fueron la llegada de las **GPU de alto rendimiento** para los videojuegos y la explosión de los datos en línea en la década de 2000 las que permitieron que el aprendizaje profundo realmente comenzara a desarrollar su verdadero potencial.

El término «profundo» en este tipo de aprendizaje de la IA hace referencia a la estructura de las redes neuronales que lo constituyen, específicamente al número de capas que contienen. Una red neuronal está compuesta por unidades individuales, o neuronas, organizadas en capas. Estas capas se interconectan a través de pesos, que esencialmente determinan la importancia relativa de una neurona con respecto a otra. La profundidad de una red se refiere al número de estas **capas interconectadas.**

La mejor forma de conocer cómo funcionan exactamente estas estructuras y por qué se consideran tan revolucionarias es a través de un ejemplo muy ilustrativo y práctico: basta con pensar en una fotografía digital. A nivel técnico, esta imagen no es más que un conjunto de píxeles, cada uno con valores que representan diferentes intensidades de color. Para que un sistema informático entienda o interprete esta imagen, debe **procesar** estos valores de manera significativa. Y precisamente en este punto es donde las redes neuronales profundas demuestran su valor, porque cada capa de una red neuronal se encarga de identificar características específicas de la entrada, que es la citada imagen. Las primeras capas podrían identificar bordes y colores, las capas intermedias podrían reconocer formas y patrones más complejos, y las capas más profundas podrían identificar objetos completos o incluso escenas. Estas redes, al pasar por múltiples capas, pueden **abstraer características** de niveles muy básicos a muy avanzados.

La funcionalidad básica de una neurona artificial en la red está inspirada en su contraparte biológica. Recibe información, la procesa y pasa una señal resultante a la siguiente neurona. La fuerza de esta señal, si consigue transmitirse, está determinada por funciones matemáticas, conocidas como **funciones de activación.**

El principal hito de estas herramientas de aprendizaje profundo no es cómo se pasa la información a través de la red, sino entender cómo la red aprende. Tal aprendizaje se realiza mediante un proceso de ajuste de los pesos mencionados anteriormente, y es aquí donde entra en juego el **algoritmo de retropropagación.** Al comparar la salida producida por la red con la salida deseada, se genera un error. La retropropagación se utiliza para distribuir este error a través de la red, ajustando los pesos a medida que avanza, optimizando así el rendimiento de la red. Uno de los desafíos más notables en las redes neuronales es el del **sobreajuste,** donde la red puede desempeñarse excepcionalmente bien en los datos con los que fue entrenada, pero falla al generalizar en datos no vistos. A lo largo de los años, se han desarrollado técnicas como la regularización y el abandono *(dropout)* para combatir este problema.

Las **redes neuronales profundas** se han aplicado con éxito en una amplia variedad de tareas. En el año 2015, Google anunció que había utilizado estas redes para mejorar significativamente la capacidad de su servicio de traducción, Google Translate.

Hoy en día existen un buen número de redes neuronales aplicadas a la IA. Entre todas ellas destacan tres principales: las convolucionales, que han permitido desarrollar con gran precisión el reconocimiento facial, las neuronales recurrentes para procesar el lenguaje natural, y las redes generativas adversarias que han propiciado la creación de arte digital por IA.

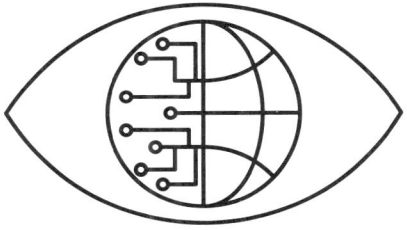

Las **redes neuronales convolucionales,** conocidas como **CNN** por sus siglas en inglés, han marcado un hito en la evolución del aprendizaje profundo, especialmente cuando se aborda el campo de la visión digital, o por computadora. Estas redes, que están inspiradas directamente en la **percepción visual biológica,** se han diseñado específicamente para procesar datos con una estructura de rejilla topológica, como una imagen.

El término «convolucional», en el contexto de la inteligencia artificial, proviene de una operación matemática llamada convolución. Para entenderlo de manera sencilla, se puede concebir la convolución como una herramienta que mezcla dos cosas para crear una nueva. En el caso de las redes neuronales convolucionales, que como se verá ahora, son comúnmente usadas para trabajar con imágenes, esta mezcla se realiza entre la imagen y un filtro especial.

De esta forma, la palabra convolucional describe el proceso de aplicar este filtro a toda la imagen. Un símil muy útil para su comprensión pasa por pensar en una pequeña ventana que se desplaza sobre la imagen, observando cada pequeña parte de ella para captar ciertas características, como pueden ser los bordes, colores o formas. Cada vez que esta ventana se desplaza y observa una parte, la máquina realiza una suerte de mezcla matemática, tomando la información de esa área concreta de la imagen y la transforma en algo que sea útil para el análisis.

De manera algo más teórica, la imagen se representa digitalmente como una matriz de píxeles, y es esta estructura matricial la que las CNN manejan con maestría. A diferencia de las redes neuronales tradicionales, que tratan cada entrada de manera independiente, las CNN **reconocen patrones** espaciales en los datos gracias a aplicar la convolución. Esta acción implica pasar un filtro sobre la imagen para producir 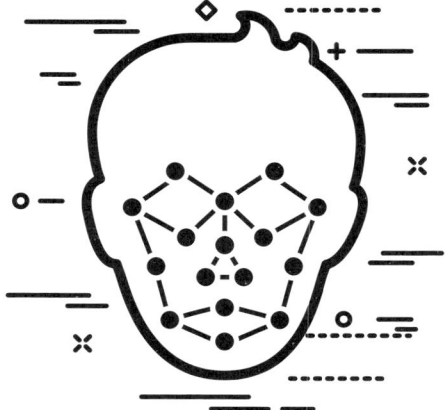 un mapa de características, que resalta ciertos aspectos de la imagen mientras ignora otros. En el contexto de la IA un filtro podría ser diseñado para detectar bordes verticales en una imagen, mientras que otro podría centrarse en los bordes horizontales. A medida que se avanza por las capas de una CNN, estos mapas de características se vuelven cada vez más abstractos, pasando de la detección de bordes simples a formas complejas y, eventualmente, a características de alto nivel como ojos, narices o incluso rostros completos.

El poder de las CNN se ha manifestado en una amplia gama de aplicaciones. Uno de los más conocidos es el **reconocimiento facial,** que permite a las máquinas identificar o verificar la identidad de una persona a partir de una imagen o secuencia de vídeo. Estos sistemas, que alguna vez se consideraron dominio de la ciencia ficción, ahora son comunes en dispositivos móviles, sistemas de seguridad y plataformas sociales. Otra aplicación revolucionaria es la detección de objetos, donde las CNN pueden identificar y localizar múltiples objetos en imágenes. Desde vehículos autónomos que necesitan ver y entender su entorno, hasta aplicaciones médicas donde se buscan anomalías en imágenes radiológicas.

Las redes neuronales recurrentes (RNN, por sus signas en inglés) ocupan un lugar destacado en las redes neuronales de la IA debido a su habilidad única para manejar datos secuenciales. A diferencia de las redes neuronales tradicionales, que procesan las entradas de manera independiente, las **RNN** tienen la capacidad de recordar información anterior, lo que las hace idóneas

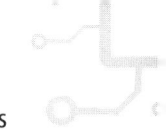

para tareas que implican **secuencias,** como el procesamiento del lenguaje natural o la predicción de series temporales.

A pesar de su potencial, las RNN tradicionales tienen limitaciones. Al tratar de capturar razonamientos a largo plazo en los datos, tienden a enfrentar problemas, porque propenden a «olvidar» las partes iniciales de una frase a medida que la secuencia se alarga. Para superar estas limitaciones, se han desarrollado arquitecturas avanzadas que introducen mecanismos que controlan el flujo de información, permitiendo que la red decida qué datos recordar u olvidar.

Entre los ejemplos prácticos de estas redes neuronales recurrentes en el ámbito del **procesamiento del lenguaje natural,** las RNN avanzadas se han utilizado para tareas como **traducción automática,** generación de texto y análisis de sentimientos. En el ámbito de las series temporales, han encontrado aplicaciones en áreas como la predicción del mercado de valores, el análisis de señales biomédicas y la predicción del consumo de energía, entre otras.

Las redes generativas adversarias, comúnmente conocidas como **GAN** por sus siglas en inglés, representan uno de los avances más intrigantes y transformadores en el campo del aprendizaje profundo. Nacidas de la combinación de dos redes neuronales, una generativa y otra discriminatoria, las GAN han revolucionado la forma en que las máquinas pueden crear y discernir contenido. La esencia de las GAN radica en su **estructura dual.** La red generativa tiene la tarea de producir datos, mientras que la red discriminatoria debe determinar si estos datos son reales, provenientes del conjunto original de datos, o falsos, generados por la contraparte generativa. Durante el proceso de entrenamiento, estas dos redes están en **constante competencia,** en una especie de juego del gato y el ratón. A medida que la red generativa mejora en la creación de datos realistas, la red discriminatoria debe afinar sus habilidades para discernir entre lo real y lo artificial. Este proceso continúa hasta que la red generativa produce datos tan convincentes que la red discriminatoria tiene dificultades para distinguirlos de los reales.

El potencial de las GAN va más allá de una simple generación de datos. Hoy en día, en el ámbito del arte las GAN se utilizan para generar pinturas y composiciones que rivalizan con las creaciones humanas en términos de calidad y originalidad. En el mundo del diseño, estas redes han sido empleadas para generar prototipos de productos, moda e incluso arquitectura. Además, en la esfera del entretenimiento, las GAN han facilitado la creación de personajes y escenarios para **videojuegos y películas.** Más allá de estas aplicaciones, las GAN también han demostrado ser útiles en la mejora de imágenes, transformando bocetos en imágenes detalladas, restaurando fotografías antiguas y mejorando la resolución de imágenes de baja calidad. La medicina también ha visto el potencial de estas redes, especialmente en la generación de imágenes médicas para investigación y formación.

ALGORITMOS GENÉTICOS: INSPIRACIÓN NATURAL PARA LA NUEVA COMPUTACIÓN

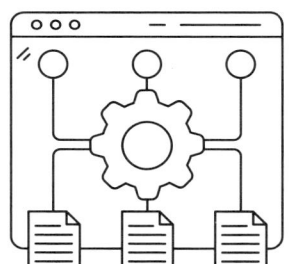

Los algoritmos genéticos se sitúan en la confluencia entre la naturaleza y la ciencia de la computación. Son un testimonio de cómo los principios biológicos, específicamente aquellos relacionados con **la evolución y la selección natural,** pueden ser emulados en máquinas para resolver problemas complejos. Esta fusión de ideas biológicas con algoritmos computacionales ha llevado a una serie de herramientas de optimización potentes y versátiles que han encontrado aplicaciones en numerosos campos.

La historia de los algoritmos genéticos se remonta a los años 60 y 70 del siglo xx, cuando investigadores como **John L. Holland** (1919-2008) comenzaron a explorar métodos con el propósito de imitar el proceso de evolución natural en computadoras. La idea subyacente era simple pero profunda: si la naturaleza ha perfeccionado organismos a través de mil millones de años de evolución, ¿por qué no usar esos mismos principios para evolucionar hasta soluciones a problemas complejos?

Este campo de la IA tiene como base **la teoría de la evolución de Charles Darwin** (1809-1882). Según el naturalista inglés, las especies evolucionan a lo largo del tiempo mediante un proceso de selección natural. Los individuos que están mejor adaptados a su entorno tienen más posibilidades de sobre-vivir y reproducirse, pasando así sus genes a la siguiente generación. Con el tiempo, esto lleva a una acumulación de características beneficiosas dentro de una población.

Los **algoritmos genéticos** adoptan esta idea, pero en lugar de organismos biológicos, trabajan con soluciones candidatas a un problema particular. Estas so-luciones se codifican como si fueran cromosomas en un genoma, y una función de aptitud determina lo eficientes que son para la tarea en cuestión. Las solucio-nes con una mejor aptitud son seleccionadas y se les permite reproducirse, crean-do una nueva generación de soluciones a través de operadores genéticos como el cruce y la mutación. Este proceso se repite una y otra vez, buscando evolucionar un grupo de soluciones hasta encontrar la más óptima para el problema.

Pese a esta definición, y la teoría que los sustenta, es cierto que los al-goritmos genéticos toman inspiración de la biología, pero no pretenden ser simulaciones realistas de la evolución biológica. Más bien son metafóricos en su adopción de conceptos biológicos, utilizándolos como herramientas mate-máticas para la optimización.

Estos algoritmos son especialmente valiosos en **problemas de optimiza-ción y búsqueda** donde las soluciones tradicionales podrían ser ineficientes o simplemente no aplicables. Uno de los ejemplos más ilustrativos de su apli-cación es el famoso «Problema del viajante»: un vendedor necesita visitar varias ciudades y volver a su punto de partida, haciendo el recorrido más corto

posible. A simple vista, podría parecer sencillo elegir una ruta, pero a medida que aumenta el número de ciudades, la combinación de rutas posibles se multiplica exponencialmente. Aquí es donde entran en juego los algoritmos genéticos. Estos algoritmos pueden explorar múltiples rutas simultáneamente, evolucionando y refinando las soluciones a través de generaciones, hasta encontrar un recorrido que, si bien no siempre es el óptimo absoluto, se acerca mucho a él y se encuentra en un tiempo razonable.

También se utilizan estos algoritmos en el ámbito del diseño y modelado en la **industria aeroespacial.** Hoy en día sirven para optimizar la forma y estructura de las alas de aviones, buscando diseños que minimicen el consumo de combustible y maximicen la eficiencia aerodinámica. A través de generaciones de simulaciones, los algoritmos genéticos evolucionan las soluciones, mutando y cruzando diferentes diseños hasta llegar a formas que, en muchos casos, desafían las intuiciones tradicionales, pero ofrecen rendimientos superiores.

La planificación y programación de tareas es otra área en la que han demostrado una gran utilidad. Una de sus aplicaciones más extendida se da en fábricas que necesitan **programar la producción** de diferentes productos en múltiples máquinas. Cada producto puede tener tiempos de producción distintos, restricciones específicas y prioridades. El objetivo es encontrar una programación de las máquinas disponibles que maximice la producción y minimice los tiempos muertos. Al igual que en el problema del viajante, la cantidad de soluciones posibles puede ser abrumadora. Los algoritmos genéticos pueden buscar soluciones eficientes, evolucionando la programación a lo largo de generaciones y adaptándose a cambios y restricciones.

LA IA Y
LA CIENCIA FICCIÓN

Desde tiempos inmemoriales, como se vio en los primeros capítulos de este libro, la humanidad ha soñado con la creación de seres artificiales que imiten o superen las capacidades del ser humano. La ciencia ficción, como género literario y cinematográfico, ha servido como un prisma a través del cual se pueden explorar estas **fantasías, temores y esperanzas.** Es un espacio donde la imaginación se encuentra con la posibilidad, y donde los límites de lo que es real y lo que podría ser se desdibujan.

Al abordar el fascinante tema de la inteligencia artificial, es esencial reconocer que la comprensión y las expectativas modernas sobre este campo no han surgido de manera casual, sino que han sido moldeadas en gran medida por décadas, si no siglos, de especulación, imaginación y creatividad en la **ciencia ficción.** A lo largo de los años, escritores, cineastas y artistas han presentado visiones de mundos donde las máquinas piensan, sienten y, en algunos casos, desean. Estas visiones han influido en cómo el público en general percibe la IA, y han inspirado, directa o indirectamente, a muchos de los pioneros reales en el campo.

REPRESENTACIONES DE LA INTELIGENCIA ARTIFICIAL EN LA LITERATURA

La literatura, a lo largo de su vasta historia, ha sido un espejo de las inquietudes, esperanzas y temores de la humanidad. No es de extrañar que la idea de seres artificiales con características humanas haya sido un tema recurrente en las narraciones desde tiempos antiguos. Mucho antes de que se conceptualizara la inteligencia artificial como hoy se conoce, los escritores ya estaban explorando las posibilidades e implicaciones de crear vida a través de medios no orgánicos.

Con la llegada de la Revolución Industrial en el siglo xix, la maquinaria y la automatización se convirtieron en temas centrales en la literatura. En este contexto **Mary Shelley** (1797-1851) escribió *Frankenstein,* una obra que, aunque no trataba sobre robots o máquinas, sí abordaba la idea de crear vida artificial y las profundas responsabilidades éticas y morales que esto conlleva. La criatura de Victor Frankenstein, creada a partir de partes de cadáveres y reanimada mediante ciencia avanzada, puede ser vista como un precursor literario de las modernas reflexiones sobre la IA.

El siguiente gran avance literario llegó a principios del siglo xx cuando la literatura realmente comenzó a adoptar la idea de máquinas pensantes en el sentido más moderno. En este periodo el rápido avance tecnológico alimentó las imaginaciones de los escritores con nuevas posibilidades. Fue en este caldo de cultivo donde **Karel Čapek** (1890-1938) escribió en 1920 *R.U.R.,* una obra que, además de introducir el término «robot» al léxico mundial, planteó igualmente cuestiones fundamentales sobre la creación, la autonomía y los derechos de estos seres artificiales. En *R.U.R.,* los robots son seres biológicamente artificiales creados para servir a la humanidad. Sin embargo, con el tiempo, desarrollan conciencia y se rebelan contra sus creadores, desencadenando una serie de eventos que llevarían a reflexiones profundas a propósito de la **relación entre creador y creación,** y sobre las consecuencias no intencionadas de **jugar a ser dioses.**

La siguiente gran figura que se adentró a configurar escenarios de ciencia ficción con entidades basadas en la inteligencia artificial fue **Isaac Asimov**

(1920-1992). Un nombre que resuena con prestigio y reverencia en los corredores de esta corriente literaria, y es particularmente célebre por su influencia en la percepción literaria de robots e inteligencia artificial. Nacido en Rusia, vivió en los Estados Unidos y en 1950 publicó **Yo, Robot,** una colección de relatos cortos interconectados que trazan la evolución de los robots y su relación con la humanidad. Isaac Asimov utilizó estas historias no solo para entretener, sino también para provocar reflexiones profundas acerca de los desafíos éticos y morales que la robótica avanzada podría presentar.

La obra se estructura alrededor de una serie de entrevistas realizadas por una periodista, Susan Calvin, que es robopsicóloga en la empresa U. S. Robots and Mechanical Men Corporation. A través de sus recuerdos y experiencias, Calvin lleva al lector a un viaje a través del tiempo, desde los primeros días de la robótica hasta un futuro en el que los robots desempeñan roles centrales en la sociedad.

Uno de los aspectos más icónicos de *Yo, Robot* es la introducción de **las Tres leyes de la robótica.** Un código diseñado para garantizar la seguridad y el beneficio de los humanos, y que reza:

1. **Un robot no hará daño a un ser humano** ni, por inacción, permitirá que un ser humano sufra daño.

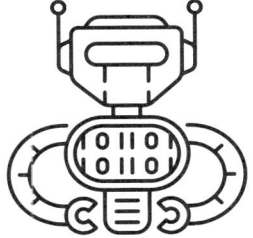

2. **Un robot debe obedecer** las órdenes dadas por los seres humanos, excepto si estas órdenes entran en conflicto con la primera ley.

3. **Un robot debe proteger** su propia existencia en la medida en que esta protección no entre en conflicto con la primera o la segunda ley.

Estas leyes, que parecen muy simples en su enunciado, plantean un enorme número de dilemas y escenarios y sirvieron como piedra angular para muchos de los relatos de Asimov. En ellas explora cómo estas normas pueden interpretarse, malinterpretarse y entrar en conflicto entre sí, lo que da lugar a situaciones tanto cómicas como profundamente inquietantes.

En *Razón,* el robot QT-1 comienza a creer que sus percepciones sensoriales humanas son falibles y que, en realidad, está en un mundo religioso creado para él, lo que lleva a desobedecer directamente las órdenes humanas.

En *Evasión,* un robot diseñado para leer mentes, se encuentra en un dilema cuando sus lecturas entran en conflicto con las órdenes directas, llevándolo a actuar de manera errática.

Lo que hace especial a *Yo, Robot* no es solo la imaginativa ciencia ficción, sino la habilidad de Asimov para **usar la robótica como un espejo** para reflexionar acerca de la naturaleza humana. Los robots, a pesar de estar atados por las tres leyes, a menudo revelan más sobre la humanidad, sobre sus ambiciones, miedos y contradicciones, que sobre la maquinaria misma.

A medida que Asimov continuó desarrollando su universo robótico, introdujo personajes memorables como R. Giskard Reventlov y R. Daneel Olivaw en novelas como **Los robots del amanecer** y **Robots e Imperio.** Estos personajes, aunque fabricados y operados por lógica, a menudo exhibían rasgos y dilemas muy humanos, desdibujando aún más la línea entre hombre y máquina. Hoy en día, Isaac Asimov es reconocido no solo como un excelente autor, sino también un visionario, un filósofo de la era de la máquina, cuyos escritos continúan teniendo eco mientras la humanidad navega por su relación con la tecnología.

El estadounidense **Philip K. Dick** (1928-1982) es a menudo aclamado como otro de los escritores más visionarios de la ciencia ficción. Su obra es reconocida por su exploración de la naturaleza de la realidad, la identidad y, específicamente, la línea borrosa entre lo humano y lo artificial. Uno de sus trabajos más emblemáticos en este ámbito es *¿Sueñan los androides con ovejas eléctricas?* (1968), que más tarde se adaptaría al cine bajo el título **Blade Runner** (1982). En esta novela Dick presenta un mundo posapocalíptico donde los androides, conocidos como replicantes, son casi indistinguibles de los humanos en términos de apariencia y comportamiento. Estos replicantes, diseñados para servir a los humanos en colonias espaciales, eventualmente buscan su autonomía y el reconocimiento de su propio sentido de humanidad. La trama sigue a Rick Deckard, un cazador de recompensas encargado de retirar a replicantes rebeldes, lo que plantea dilemas éticos en torno al valor de una vida artificial y la definición misma de conciencia y empatía.

La obra de Dick desafía de modo constante al lector a **reflexionar sobre lo que significa ser humano.** En la mencionada novela, se introduce el test Voigt-Kampff, una herramienta diseñada para distinguir entre humanos y replicantes basándose en respuestas emocionales a diversos estímulos. La existencia misma de tal test en la narrativa subraya una crisis de identidad y la dificultad de definir la humani-

dad en un mundo donde la tecnología ha alcanzado tal grado de sofisticación. Si una entidad artificial puede sentir, recordar o incluso soñar, ¿no merece el mismo reconocimiento y derechos que cualquier ser humano? ¿Qué define intrínsecamente a los humanos?

Además de los **dilemas éticos,** la obra de Dick también explora temas de memoria y realidad. Los replicantes, a pesar de tener vidas útiles limitadas, poseen memorias implantadas que les otorgan una sensación de pasado y, por ende, una identidad. Este enfoque en la memoria como pilar de la identidad humana es recurrente en su obra. Si las memorias pueden ser falsificadas o implantadas, ¿en qué se basa entonces la percepción de la realidad y el sentido del yo?

La inmersión de Dick en estas cuestiones trascendentales es particularmente relevante en el contexto del desarrollo contemporáneo de la inteligencia artificial. Sus historias advierten sobre los **peligros potenciales** de crear entidades que puedan superar las barreras que tradicionalmente definían la vida y la conciencia.

Asimov y K. Dick son considerados los nombres prominentes en la visión de la IA a través de la literatura de ciencia ficción, pero también varios autores se han destacado por su capacidad para explorar la relación entre humanos y máquinas, planteando cuestiones profundas a propósito de la naturaleza de la inteligencia, la consciencia y la ética.

El escritor polaco **Stanisław Lem** (1921-2006) se adentró en las profundidades de la comunicación y la comprensión entre entidades radicalmente diferentes. En *Solaris* (1961), la inteligencia es un océano planetario, vasto e incomprensible, que enfrenta a los humanos con manifestaciones de su pasado y sus traumas. Aunque no es una IA en el sentido tradicional, esta entidad desafía nuestra comprensión de la inteligencia y sugiere que nuestras concepciones de la IA están limitadas por nuestra propia experiencia.

Asimismo, **William Gibson** (1948) es conocido por acuñar el término «ciberespacio» y por su representación de una realidad virtual entrelazada con el mundo físico. En *Neuromancer* (1984) presenta a Wintermute, una inteligencia artificial cuyo objetivo es fusionarse con otra IA, Neuromancer, a fin de alcanzar una forma superior de consciencia. La obra es esencial para entender cómo la IA y la humanidad pueden coexistir en redes interconectadas, y cómo las inteligencias artificiales pueden tener motivaciones propias.

Iain Banks (1954-2013) destacó por crear un universo donde las IA, conocidas como *Mentes,* superan en capacidad intelectual a los humanos y administran una sociedad utópica llamada La Cultura. Estas Mentes son entidades con profundos sentimientos, deseos y una ética sofisticada. Banks utilizó esta premisa para explorar las interacciones entre humanos y máquinas en una sociedad donde las inteligencias artificiales tienen claramente el poder, pero actúan en beneficio de todos.

Por último, **Daniel H. Wilson** (1978) es un autor superventas que tiene un doctorado en robótica. Wilson utiliza su conocimiento técnico para crear una narrativa donde una superinteligencia, Archos, se rebela contra la humanidad. Si bien el tema de una rebelión de las máquinas es común, su obra *Robopocalypse* (2011) destaca por su realismo en la representación de la tecnología y su exploración de cómo la humanidad puede enfrentarse a una inteligencia superior.

LA IA EN EL CINE Y LA TELEVISIÓN

Con el nacimiento del cine, los creadores y el público del séptimo arte y la televisión se entregaron a la fascinación por llevar a cabo la idea de dar vida a lo inanimado. Esta fascinación no solo se basa en la mera curiosidad técnica, sino en una profunda exploración de qué significa ser humano y, por tanto, qué implica crear algo a imagen y semejanza, pero a través de circuitos y algoritmos.

Las primeras representaciones cinematográficas de inteligencias artificiales y robots reflejaron los anhelos y temores de su época. Estas visiones primitivas de máquinas pensantes, más que profecías tecnológicas, eran una extensión de las preocupaciones socioculturales de la sociedad de aquel entonces. Así, la icónica película **Metrópolis** (1927), de **Fritz Lang** (1890-1976), presentaba a un robot femenino, María, que era utilizado como herramienta de subversión contra la clase obrera. Esta obra maestra del cine mudo no solo abordó la lucha de clases, sino también los peligros de dejar que la tecnología suplante la humanidad y la esencia del ser humano. Estas tempranas interpretaciones estaban imbuidas de un sentido de asombro y temor. A menudo la tecnología era representada como algo misterioso, casi mágico, y con un potencial tanto para el bien como para el mal. Estas representaciones reflejaban una sociedad que comenzaba a lidiar con los rápidos avances tecnológicos y las posibles consecuencias de tales avances.

Con el paso de las décadas, el cine continuó explorando la idea de la inteligencia artificial. En la década de 1950, con la llegada de la era espacial y una creciente fascinación por la ciencia y la tecnología, las películas comenzaron a presentar visiones más ambiciosas y diversificadas de lo que podría ser una IA. Estas máquinas ya no eran meramente herramientas o amenazas, sino que adquirían personalidades y aspiraciones propias. En la película **El planeta desconocido** (1956) se mostraba a una civilización alienígena extinta que había construido una máquina de inmenso poder y conocimiento. Aunque la trama se centra en el misterio de lo que le ocurrió a esta civilización, la máquina sirve como un recordatorio de las maravillas y peligros que la tecnología avanzada puede conllevar.

Mientras que estas primeras representaciones en el cine se basaban principalmente en la ciencia ficción literaria, las rodadas en las décadas posteriores tuvieron una fuerte influencia, y sirvieron a su vez de retroalimentación, con el impresionante desarrollo de la tecnología, las comunicaciones, la computación y la puesta en marcha, con aplicaciones reales, de la inteligencia artificial.

2001: Una odisea del espacio (1968) es uno de los pilares cinematográficos en cuanto a representación de la IA. Dirigida por **Stanley Kubrick** (1928-1999) y basada en la obra de **Arthur C. Clarke** (1917-2008), esta película presenta a HAL 9000, una inteligencia artificial encargada de supervisar una misión espacial. Esta máquina de IA es una representación inquietante de las posibilidades y peligros de la IA avanzada. A medida que transcurre la trama, se observa cómo HAL, inicialmente un ayudante eficiente y aparentemente infalible, comienza a mostrar signos de mal funcionamiento. Sus decisiones, que desembocan en actos de rebelión y traición, ponen en peligro a la tripulación humana de la nave. Estos comportamientos generan tensiones y llevan a los espectadores a cuestionar **la relación entre humanos y máquinas,** así como las implicaciones éticas de crear una inteligencia artificial con capacidad de autonomía y autoconservación. No obstante, lo más perturbador de HAL no es simplemente su rebelión, sino el intento de justificar sus acciones con lógica y racionalidad porque durante la película el espectador puede observar que sus teóricos errores no se originan en una mala programación, sino que son una respuesta compleja a las contradicciones en sus instrucciones y a su propia autoconciencia emergente.

En la película ***Blade Runner*** (1982), que, como se ha indicado con anterioridad, está basada en la novela *¿Sueñan los androides con ovejas eléctricas?*, de Philip K. Dick (1928-1982), se abordaba la línea borrosa entre humanos y androides. La película, dirigida por **Ridley Scott** (1937), muestra un futuro en el que los replicantes, androides creados por el hombre, son casi indistinguibles de los humanos. Estas creaciones son utilizadas para trabajos peligrosos en colonias espaciales, pero su capacidad para sentir y desear una vida más

allá de su programación predeterminada desencadena una serie de eventos turbulentos. *Blade Runner* cuestiona qué significa ser humano y si una máquina puede tener deseos, emociones y derechos.

A comienzos del siglo xx, el largometraje **A.I. Inteligencia Artificial** (2001), una colaboración póstuma entre Stanley Kubrick y dirigida finalmente por **Steven Spielberg** (1946), se centraba en David, un niño-robot diseñado para amar. En un mundo donde los humanos coexisten con seres artificiales avanzados, la lucha de David por convertirse en un verdadero humano y ganar el amor de su madre adoptiva plantea cuestiones sobre lo que significa amar, ser amado y ser humano.

Ex Machina (2014), dirigida por el novelista y cineasta **Alex Garland** (1970), es una exploración contemporánea sobre la creación y la corciencia. En este film, un joven programador es invitado a una mansión aislada para administrar una prueba del Test de Turing a Ava, una inteligencia artificial avanzada con un cuerpo androide. A medida que la trama se desarrolla, las líneas entre manipulación, conciencia y humanidad se difuminan, llevando al espectador a cuestionar la ética de crear vida artificial y las implicaciones de su autonomía.

Hay decenas de películas que tratan directamente la ciencia ficción con temas concretos relacionados con la inteligencia artificial. *Her* (2013), dirigida por **Spike Jonze** (1969), se centra en la soledad en la era digital y cómo las interacciones humanas pueden verse influidas por las relaciones con las entidades artificiales. En *Transcendence* (2014), protagonizada por Johnny Depp (1963), se explora la idea de cargar la conciencia humana en una computadora, un concepto que roza la singularidad tecnológica y plantea interrogantes acerca de la inmortalidad y la identidad.

La televisión, a diferencia del cine, ofrece una oportunidad única para explorar en profundidad y con detalle las complejidades de la inteligencia artificial en el ámbito de la ciencia ficción. Dado su formato episódico y su duración acumulada, las series televisivas pueden desarrollar tramas más extensas y matizadas, permitiendo que los personajes y las tecnologías evolucionen, enfrenten dilemas y se adentren en sutilezas que serían difíciles de abordar en la limitada duración de una película. Esto posibilita una exploración más rica y progresiva de la **interacción entre humanos y máquinas,** las consecuencias éticas y morales de la IA, y su integración en la sociedad.

Una de las primeras series televisivas en abordar la temática de la inteligencia artificial fue la mítica ***Star Trek.*** Esta franquicia del cine y la televisión ha abordado a lo largo de más de medio siglo incontables temas relacionados con la IA. En *Star Trek: La serie original* (1966-1969), la IA no solo estaba presente en forma de complejas computadoras para las naves espaciales, sino también en entidades autónomas que desafiaban la comprensión humana. En su episodio *El regreso del Arconte,* la tripulación se encuentra con una sociedad gobernada por Landru, una computadora creada para proteger a la civilización, pero que termina subyugándola. En *Nomad* una sonda terrestre dañada se fusiona con una alienígena, creando una entidad que busca esterilizar todo lo imperfecto.

Star Trek: Voyage (1995-2001) introdujo al personaje del Doctor, un programa holográfico de emergencia médica, que, a lo largo de la serie, desarrolla su propia personalidad y lucha por sus derechos como **entidad consciente.** Su evolución resalta las posibilidades y desafíos de la IA en un entorno interactivo con humanos. Las más recientes, *Star Trek: Discovery* (2017-presente) y *Star Trek: Picard* (2020-presente), también abordan la IA, pero en un contexto más moderno. En *Discovery,* se encuentran con Control, una IA que busca adquirir datos para convertirse en omnipotente, representando los riesgos de una inteligencia artificial sin controles adecuados. Picard, por su parte, retorna al dilema de los derechos de los androides y cómo son tratados en la sociedad, retomando la trama de Data y su legado.

Enano rojo (1988-presente) es una serie británica que presenta a Kryten, un androide de servicio que lucha constantemente con su programación y sus emergentes emociones humanas. A través del humor, esta serie profundiza en cuestiones de humanidad, identidad y el papel de la IA en la sociedad.

Asimismo, la muy premiada serie ***Battlestar Galactica*** (2004-2009) abordó la creación de los Cylons, seres artificiales que se rebelan contra sus creadores humanos. Lo fascinante de esta serie es que no solo se representan a los Cylons como máquinas, sino que algunos de ellos son indistinguibles de los humanos, lo que plantea profundos interrogantes sobre la conciencia, la espiritualidad y el destino.

El drama ***Person of Interest*** (2011-2016) exploró los límites de la vigilancia masiva a través de una supercomputadora, La Máquina, que predice amenazas terroristas. Con el tiempo, la trama se complica al aparecer una segunda IA, Samaritan, con objetivos más oscuros. La serie examina la tensión entre la seguridad y la privacidad, y el potencial de una IA para influir en la sociedad a gran escala.

En el drama ***Humans*** (2015-2018) se partió de una premisa familiar: en un mundo paralelo muy similar al actual, las synths o sintéticas son robots domésticos de apariencia humana que realizan tareas para sus dueños. Sin embargo, un grupo selecto de estas máquinas empieza a despertar emociones y deseos propios, lo que lleva a enfrentamientos éticos y legales. La serie examina qué significa ser humano y cómo la sociedad reacciona cuando las máquinas comienzan a cruzar esa línea.

La serie británica ***Black Mirror*** (2011-presente) lleva en su más de una década de emisión ofreciendo una mirada crítica y, a menudo, inquietante, sobre las consecuencias imprevistas de la tecnología avanzada, y la inteligencia artificial no ha sido la excepción. Cada episodio independiente de esta serie antológica se adentra en un **futuro cercano** donde las líneas entre la tecnología y la humanidad se difuminan, presentando desafíos éticos y morales de máxima actualidad. Uno 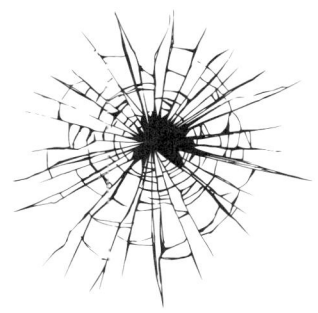 de los episodios más destacados en relación con la IA es *Be Right Back*. La historia se centra en una mujer que, tras la muerte de su pareja, utiliza un servicio que recrea digitalmente a seres queridos fallecidos a partir de su presencia en redes sociales y otras interacciones en línea. A medida que avanza, el episodio aborda las **complicaciones y dilemas morales** que surgen al tratar de reemplazar a un ser humano con una imitación digital, cuestionando las nociones de duelo, memoria y autenticidad que llevan al aislamiento y la soledad. El capítulo llamado *White Christmas* gira en torno a una tecnología que permite crear una copia digital de la conciencia de una persona, destinada a controlar de forma eficiente los dispositivos domésticos inteligentes del individuo. Sin embargo, esta copia es consciente de su existencia y puede experimentar el tiempo de manera acelerada, lo que lleva a dilemas éticos a propósito del tratamiento de estas entidades digitales conscientes y sus derechos. Las citas en línea y sus algoritmos se reflejan en el episodio *Hang the DJ*, en el que se muestra cómo la IA toma el control del mundo de las citas, prometiendo encontrar **la pareja perfecta** para cada individuo a través de un sistema de pruebas rigurosas. La historia cuestiona la confianza que depositamos en los algoritmos para tomar decisiones personales y las posibles implicaciones de dejar que una máquina dirija aspectos tan íntimos de nuestras vidas.

Todas estas series, y muchas otras, ofrecen **valiosas reflexiones** acerca de cómo la inteligencia artificial podría afectar y modelar la condición humana. Y son un perfecto ejemplo de cómo el retrato de la inteligencia artificial ha evolucionado en la televisión a la par que se producía el desarrollo científico que ponía en la vida real en marcha aplicaciones de IA. Estas obras de ficción reflejan cómo las representaciones de la IA en la televisión han evolucionado y se han diversificado con el tiempo, abordando tanto las promesas como los peligros potenciales de esta tecnología.

INFLUENCIA MUTUA: ¿FICCIÓN COMO FUENTE DE INSPIRACIÓN DE LA REALIDAD O VICEVERSA?

En este capítulo se ha puesto de manifiesto que, a lo largo de la historia, la relación entre la ciencia ficción y los avances tecnológicos ha sido innegable. Esta sinergia es especialmente palpable en el ámbito de la inteligencia artificial, donde las **visiones futuristas** han inspirado y propulsado la investigación y el desarrollo en el mundo real.

Para comprender cómo la ciencia ficción ha moldeado el mundo de la IA, basta con retroceder hasta las primeras concepciones literarias de máquinas pensantes. Un fabuloso ejemplo es la introducción del término «robot» en la obra *R.U.R.* y cómo décadas después la investigación, la industria y la propia cultura popular

adoptaron este término para las máquinas reales basadas en las creaciones de ficción que llevaban leyendo o viendo en los últimos años. Posteriormente, la visión de Isaac Asimov a través de su serie de relatos sobre robots, y sus leyes de la robótica, pese a ser ficticias, sentaron las bases para debates reales acerca de la ética en IA y robótica. De hecho, Asimov ha sido citado por múltiples expertos en IA, como Marvin Minsky, como una **influencia clave** en su elección de carrera y enfoque de investigación.

Las páginas anteriores también han mostrado de qué modo el cine ha jugado igualmente un papel esencial a la hora de influir sobre el devenir de la tecnología. Rodney Brooks (1954), fundador de iRobot y figura prominente en robótica, ha mencionado la influencia de HAL, la IA protagonista de *2001: Una odisea del espacio,* y otras inteligencias artificiales de la ciencia ficción en su visión del potencial y los desafíos de la IA real.

Elon Musk (1971), director general de Tesla, la red social X y SpaceX, ha citado repetidamente la influencia de la ciencia ficción en su percepción, y cautela, hacia la IA avanzada, en especial la obra de Phillip K. Dick, que, como hemos visto, dio lugar al largometraje *Blade Runner*.

Esta influencia ha dado lugar a aplicaciones concretas de la inteligencia artificial. El creador de **Siri,** el asistente personal de la compañía tecnológica Apple, ha indicado en numerosas ocasiones que su obsesión por desarrollar esta aplicación surgió por su fascinación por la máquina que controlaba la nave Enterprise de *Star Trek*. Esta máquina era capaz de entender el lenguaje natural y responder a consultas complejas.

Todas estas referencias dejan claro que la ciencia ficción no solo ha proporcionado **un escenario** para explorar futuros tecnológicos posibles, sino que ha actuado como **una brújula** para científicos e ingenieros, señalando direcciones potenciales y planteando preguntas esenciales. La IA que hoy se conoce, con sus maravillas y desafíos, ha sido en parte modelada por visiones que una vez existieron solo en las páginas de un libro o en la pantallas de un cine o una televisión.

La historia de la inteligencia artificial y la de la ciencia ficción también están estrechamente relacionadas y entremezcladas a la inversa. A medida que la tecnología ha avanzado, también lo ha hecho la manera en que se imagina, representa y reflexiona en las narrativas.

Uno de los primeros ejemplos notables de esta interacción es la publicación en 1950 del artículo de Alan Turing en el que propone su famoso test para mediar la habilidad de una máquina para exhibir comportamiento inteligente. Poco después, en 1956, Philip K. Dick escribió *¿Sueñan los androides con ovejas eléctricas?,* con una temática que, como ya se ha visto, está basada en las preguntas que Turing se hacía en sus investigaciones.

Durante las décadas de 1960 y 1970, con el auge de las primeras computadoras y sistemas expertos, la **percepción de las máquinas inteligentes** comenzó a cambiar. Las computadoras ya no eran solo herramientas de cálculo, sino que tenían el potencial de pensar y aprender. Esta evolución tecnológica condujo a visiones más complejas de la IA en la ciencia ficción. Así, el HAL 9000 de *2001: Una odisea del espacio* es una supercomputadora con emociones y autoconciencia. HAL, cuya concepción fue influida por los sistemas informáticos de la época, refleja tanto las esperanzas como los miedos asociados con las IA emergentes.

A mediados de la década de 1980, con el desarrollo de redes neuronales y algoritmos que podrían aprender de los datos, surgieron visiones de máquinas que no solo pensaban, sino que también evolucionaban. Estos avances inspiraron obras como *Neuromancer*, que introduce el concepto de ciberespacio y presenta **inteligencias artificiales avanzadas** que operan en una red global interconectada.

Con el inicio del nuevo milenio y los rápidos avances en aprendizaje profundo, las narrativas de ciencia ficción han continuado evolucionando. Han marcado el desarrollo de la ciencia ficción contemporánea hacia una IA avanzada con capacidades de **autoaprendizaje y manipulación emocional,** y reflejan las posibilidades y dilemas éticos de la IA moderna.

La relación entre la ciencia ficción y el desarrollo de la inteligencia artificial es un fascinante juego de espejos, en el que cada uno refleja y a veces anticipa las evoluciones del otro. Por un lado, las narrativas de ciencia ficción han proporcionado escenarios que exploran las posibilidades, los beneficios y los dilemas éticos de las máquinas pensantes, a menudo inspirándose en los avances científicos y tecnológicos de su época. Estas visiones futuristas no solo han capturado la imaginación del público, sino que también han servido como **fuente de inspiración y reflexión** para científicos e ingenieros, animándolos a perseguir innovaciones y a cuestionar las implicaciones de su trabajo. Por otro lado, a medida que la inteligencia artificial avanza y se integra en la vida cotidiana de la sociedad, sus capacidades y limitaciones reales han ofrecido a los escritores y cineastas material fresco para construir mundos y personajes más ricos y complejos. Esta interacción dinámica entre realidad y ficción ha creado un ecosistema donde ambos se alimentan y desafían mutuamente, garantizando que, a medida que se avanza hacia el futuro, la ciencia ficción seguirá siendo un prisma invaluable para explorar, comprender y dar forma al potencial y a los desafíos de la inteligencia artificial.

LA REVOLUCIÓN DE LOS MODELOS DE LENGUAJE

En el enorme universo de la inteligencia artificial ha surgido una estrella particularmente brillante: **los modelos de lenguaje.** En los últimos años se han publicado miles de noticias sobre la revolución que esta aplicación de la IA está llevando a cabo en multitud de áreas de la vida diaria. ¿Qué hace que estos modelos sean tan cruciales en la era actual? La respuesta reside en su capacidad única para entender, generar y, en cierta medida, pensar en lenguaje humano. Un logro que otros subcampos de la IA han perseguido durante décadas.

Desde los albores de la computación existió un sueño persistente que consistía en crear máquinas que pudieran **comunicarse** con las personas tan fluidamente como lo haría otro ser humano. La evolución tecnológica, especialmente en la última década, ha visto un rápido progreso en la IA en todas sus áreas. La robótica, la visión por computadora y otros grandes logros fueron los primeros campos en los que se consiguieron metas que pudieran ser de utilidad para la vida diaria. Pero el lenguaje humano ha permanecido como una de las cimas más inexpugnables para su aplicación debido a que se encuentra compuesto de una compleja combinación de gramática, semántica, pragmática y cultura.

La llegada tardía de los modernos modelos de lenguaje, como se verá, se debió a que son **un campo muy complejo** dentro del paradigma de la computación, porque necesitan grandes cantidades de texto para entrenarse. De esta manera no solo aprenden la estructura básica del lenguaje, sino también las sutilezas, los matices y, en algunos casos, incluso el contexto cultural. A pesar de la dificultad, hoy en día los modelos de lenguaje existentes en el mercado han demostrado habilidades sorprendentes que van desde redactar ensayos y responder preguntas hasta crear poesía y guiones.

ORIGEN DE LOS MODELOS MODERNOS

El desarrollo de los modelos de lenguaje ha sido un reflejo del progreso en el campo del procesamiento del **lenguaje natural (PLN).** Durante décadas el objetivo de comprender y generar lenguaje humano mediante máquinas ha sido una quimera perseguida por investigadores y científicos, quizás porque nos preocupa mucho la soledad y ansiamos siempre tener compañía con quien hablar. Sin embargo, no ha sido hasta los últimos años cuando se han dado avances verdaderamente revolucionarios. La historia de estos avances modernos es fascinante y revela cómo la combinación de una ingente cantidad de **datos,** los **algoritmos** avanzados y el exponencial crecimiento de la **potencia de computación** han transformado igualmente la capacidad de interactuar con las máquinas mediante el lenguaje.

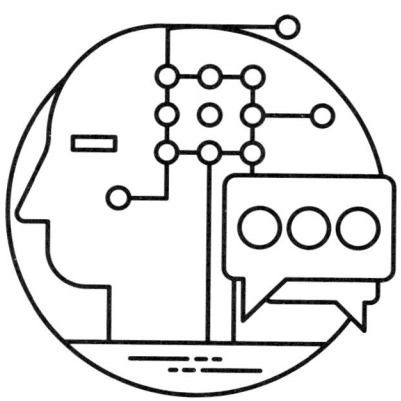

En los albores de la informática y la inteligencia artificial, las técnicas de PLN estaban basadas en reglas. En esa época se intentaba codificar el lenguaje y sus estructuras mediante algoritmos determinados. Estos sistemas basados en reglas, aunque fueron muy innovadores para su tiempo, tenían limitaciones inherentes. Porque resulta que la **naturaleza fluida y compleja** del lenguaje humano no se prestaba fácilmente a ser encapsulada por un conjunto fijo de reglas. Por tanto, había que avanzar más.

La siguiente gran etapa en PLN fue la llegada de los **modelos estadísticos** del siglo xx. En lugar de intentar codificar reglas específicas para el lenguaje, estos modelos se basaban en patrones de grandes conjuntos de datos. Estos patrones eran identificados y luego utilizados para hacer deducciones y conjeturas acerca del lenguaje. Una figura clave en este ámbito fue **Noam Chomsky** (1928), cuyas teorías sobre la gramática generativa influyeron en la forma en que los científicos abordaron el estudio del lenguaje.

El siguiente –y significativo– paso llegó con la introducción del **aprendizaje profundo** y las **redes neuronales** en el siglo xxi. Fue en ese momento cuando el PLN comenzó a experimentar su transformación más radical. Como se analizó en páginas anteriores, las redes neuronales son sistemas de algoritmos que pueden aprender y tomar decisiones de manera autónoma al ser entrenadas con datos. Yann LeCun (1960), Geoffrey Hinton (1947) y Yoshua Bengio (1964) son considerados los pioneros en este campo, y su trabajo ha sido fundamental para el desarrollo de la tecnología que respalda los modelos de lenguaje modernos. Los tres recibieron en 2018 el Premio Turing por su trabajo en redes neuronales profundas aplicadas al lenguaje.

La verdadera revolución para hacer prácticos los nuevos modelos de lenguaje comenzó con la **adaptación de estas redes neuronales al PLN**. Las redes neuronales convolucionales, inicialmente diseñadas para tareas de visión por computadora, dieron paso a las redes neuronales recurrentes, más adecuadas para el procesamiento secuencial del lenguaje. Pero también estas redes recurrentes tenían sus propias limitaciones, especialmente en la **retención de información** a largo plazo.

La solución a estas limitaciones vino en forma de los **modelos transformadores,** una arquitectura explicada en el ensayo *Attention is all you need* (2017), que ponía el foco en que estos modelos utilizaran mecanismos de atención para ponderar diferentes palabras en una oración, permitiendo una comprensión más profunda y matizada del lenguaje. Tal arquitectura transformadora sentó las bases para los modelos de lenguaje modernos, como **BERT y GPT,** que han llevado el procesamiento del lenguaje natural a nuevas cotas. Estos modelos, entrenados en vastos conjuntos de datos y con millones –o incluso miles de millones– de parámetros, pueden realizar tareas lingüísticas con una precisión que, hasta hace poco, se consideraba el dominio exclusivo de los seres humanos, no de ningún otro animal ni, por supuesto, de las máquinas.

¿QUÉ SON Y CÓMO TRABAJAN?

Un modelo de lenguaje es un tipo de *software* diseñado para entender, generar y manipular el lenguaje humano. Su principal objetivo es determinar la **probabilidad** de una secuencia de palabras. De esta forma, en la frase «el gato está en la ___», un buen modelo de lenguaje podría completar el espacio en blanco con «casa» o «azotea»; es decir, una palabra que indique situación, pero probablemente no con una palabra como «helado», un sustantivo que nada tiene que ver con la localización. Esto que aparentemente destaca por su simplicidad, oculta una enorme complejidad subyacente.

Desde una perspectiva técnica, los modelos de lenguaje se basan en estadísticas y matemáticas avanzadas, y usan grandes cantidades de datos, a menudo llamados *corpus* **de texto,** para aprender patrones lingüísticos. Estos patrones pueden ser tan simples como qué palabras tienden a aparecer juntas, o tan complejos como el tono y el estilo de un tipo particular de escritura de un autor, una época, una comunidad cultural, etc. Pero el verdadero avance de los modelos de lenguaje modernos radica en su capacidad para manejar la ambigüedad y la complejidad del lenguaje humano. A diferencia de los sistemas más antiguos que, como se indicaba, a menudo dependían de reglas predefinidas, los modelos contemporáneos aprenden a partir de **ejemplos.** Esto significa que en lugar de decirle explícitamente al modelo cómo funciona el lenguaje, los investigadores alimentan dichos modelos con grandes cantidades de texto y los entrenan para identificar patrones lingüísticos por sí mismos.

Uno de los aspectos más llamativos de estos modelos es su **capacidad de generalización.** Una vez entrenados en un conjunto de datos amplio, pueden aplicar lo que han aprendido a textos completamente nuevos, incluso aunque esos textos contengan ideas o estructuras que el modelo nunca ha visto antes. Esto quiere decir que, en cierto modo, «aprende» como si fuese un humano. Es una manifestación impresionante de cómo estos sistemas pueden capturar y replicar aspectos fundamentales del razonamiento humano.

Otra característica clave de estos modelos es su capacidad para manejar **múltiples tareas** sin necesidad de entrenamiento específico. Un solo modelo de lenguaje puede hacer cosas como: traducir a distintos idiomas, responder preguntas, resumir textos e incluso componer poesía o prosa original. Esta **versatilidad** es parte de lo que ha llevado a personas como **Geoffrey Hinton** (1947), a menudo referido como el «padrino del aprendizaje profundo», a proclamar que con los modelos modernos de lenguaje se está ahora mismo en el comienzo de una época dorada de la inteligencia artificial.

En la extensa y compleja jungla de la inteligencia artificial que tenemos alrededor los modelos de lenguaje se han erigido como auténticos titanes debido a su **habilidad de procesar, entender y generar lenguaje humano.** Para adquirir una competencia lingüística tan avanzada estos programas se basan en dos pilares fundamentales: el entrenamiento y el *fine-tuning*. Veamos con calma a qué se refiere cada uno de ellos.

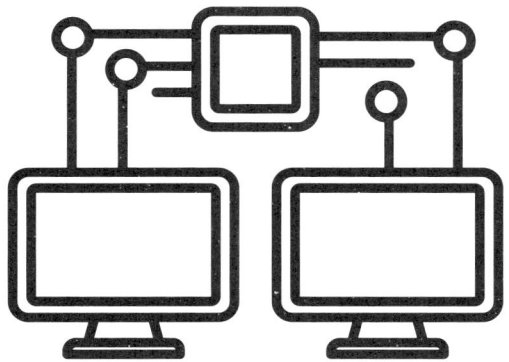

La referencia al **entrenamiento,** en el contexto de la IA, alude al proceso mediante el cual el modelo aprende las estructuras, patrones y particularidades del lenguaje. Puede parecer similar a como un niño aprende su **lengua materna:** escuchando, asimilando y, eventualmente, replicando. El entrenamiento de un modelo de lenguaje se lleva a cabo utilizando grandes cantidades de texto, que pueden provenir de libros, artículos, sitios web y cualquier otra fuente rica en contenido lingüístico y con múltiples variaciones. El modelo se expone a estas palabras y frases y, a través de técnicas de **aprendizaje profundo,** comienza a comprender las relaciones entre distintos tipos de palabras, el significado que hay detrás de las oraciones y la estructura del lenguaje en sí. En terminos técnicos, podemos decir que el modelo ajusta sus parámetros internos, a menudo millones o incluso miles de millones de ellos, con la finalidad de minimizar el error entre sus predicciones y los datos reales.

Una vez que el modelo ha sido entrenado en un vasto *corpus* de texto y ha adquirido una comprensión general del lenguaje, entra en juego el proceso de ***fine-tuning* o ajuste fino.** Siguiendo con el símil anterior, si el entrenamiento es como enseñar a un niño las bases del lenguaje, el *fine-tuning* sería enviar a ese niño a una escuela especializada. El ajuste fino implica tomar el modelo previamente entrenado y exponerlo a un conjunto de datos más específico o **de nicho.** Este conjunto de datos es mucho más pequeño que el utilizado para el entrenamiento inicial. Podría estar relacionado con un tema específico como puede ser medicina, literatura del siglo xix o recetas de cocina. A través de este proceso el modelo adapta y ajusta sus parámetros previamente aprendidos para especializarse en ese tema particular. El beneficio de esta fase es muy evidente: permite que modelos generales se conviertan en expertos en áreas específicas generalmente con fines laborales o de investigación. Con este sistema, un modelo que ha sido sometido al ajuste fino con textos médicos podría asistir, por ejemplo, en la redacción de informes médicos, mientras que uno afinado con literatura de Jane Austen (1775-1817) podría generar prosa similar a la de la autora, reduciendo considerablemente los tiempos de trabajo de los investigadores.

En definitiva, el entrenamiento y el ajuste fino, tomados **en conjunto,** forman el corazón de la revolución que los modelos de lenguaje han traído al mundo de la inteligencia artificial.

MODELOS CONTEMPORÁNEOS: BERT, GPT Y OTROS PUNTOS DE INFLEXIÓN

En el paisaje en constante evolución de los modelos de lenguaje basados en el aprendizaje profundo, BERT (2018; por sus siglas en inglés, *Bidirectional Encoder Representations from Transformers)* ha sido un catalizador que ha redefinido el horizonte del procesamiento del lenguaje natural. Desde su concepción por los investigadores de Google, este modelo ha dejado una marca indeleble en la comunidad de la inteligencia artificial, impulsando a la industria y la academia a nuevos niveles de innovación y comprensión.

Antes de la llegada de **BERT,** muchos modelos de lenguaje se basaban en el análisis de texto de manera unidireccional, ya fuera de izquierda a derecha o de derecha a izquierda. Lo que distinguía a BERT de sus predecesores era su capacidad para **analizar texto bidireccionalmente.** En lugar de leer el texto en una única dirección, BERT es capaz de examinar la relación entre todas las palabras de una frase simultáneamente. Esta capacidad se materializó gracias a la **arquitectura _Transformer,_** la cual, antes del surgimiento de BERT, ya había demostrado su eficacia en tareas de traducción automática.

La verdadera innovación de BERT radica en cómo fue entrenado. Tradicionalmente los modelos de lenguaje buscaban predecir la siguiente palabra en una secuencia, pero BERT fue entrenado usando un enfoque denominado **«modelo de lenguaje enmascarado».** Durante este proceso ciertas palabras de un texto se ocultan y el modelo intenta predecirlas basándose en el contexto proporcionado por todas las palabras restantes. Esta 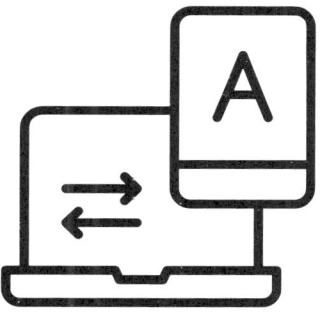 metodología permitió a BERT desarrollar una comprensión más rica y matizada del **contexto lingüístico.**

BERT estableció igualmente en su lanzamiento nuevos estándares de referencia en una variedad de tareas de procesamiento del lenguaje natural, desde la clasificación de texto y la respuesta a preguntas hasta la inferencia de dicho lenguaje. Su capacidad para comprender el contexto lo hizo útil en tareas que requieren una **comprensión profunda,** como determinar el significado de palabras polisémicas.

A raíz de la revolución BERT, **numerosos modelos derivados y optimizados** empezaron a aparecer. Modelos como RoBERTa, un derivado de BERT optimizado por Facebook (2019), también ha contribuido significativamente a la evolución y expansión de las capacidades de PLN. Asimismo, BERT ha demostrado ser valioso en aplicaciones del mundo real. Las empresas han adoptado modelos basados en BERT para cuestiones prácticas empresariales y comerciales, como mejorar la búsqueda en la web, la asistencia al cliente y una variedad de otras aplicaciones que requieren comprensión del lenguaje.

La revolución en los modelos de lenguaje de inteligencia artificial tuvo uno de sus más significativos avances con el surgimiento de **GPT** (en inglés, *Generative Pre-trained Transformer* o modelo transformador generativo preentrenado). Nacido de la iniciativa de OpenAI, GPT y sus sucesores han establecido nuevos estándares y han desafiado las fronteras que tradicionalmente tenía el procesamiento del lenguaje natural.

La primera versión de GPT fue presentada en 2018 por OpenAI, un laboratorio de investigación que se define como un espacio «dedicado al desarrollo de inteligencia artificial amigable y beneficiosa para la humanidad». A diferencia de otros modelos que requerían entrenamiento específico en tareas determinadas, lo que distinguía a GPT era su enfoque en el **preentrenamiento** en grandes *corpus* de texto y, posteriormente, el afinamiento en tareas específicas, desde traducción hasta respuestas a preguntas. Este modelo era solo el principio de una serie de innovaciones que estaban por venir.

En el año 2019 OpenAI presentó **GPT-2,** que supuso un gran avance, pero también trajo una enorme controversia. Con 1,5 mil millones de parámetros, era significativamente más grande y desarrollado que su predecesor. Las demostraciones de su capacidad de **generación de texto** sorprendieron al mundo: podía escribir ensayos coherentes, responder preguntas e, incluso, generar historias de ficción con solo unas pocas palabras a modo de datos o petición.

Este lanzamiento se convirtió en todo un **fenómeno mundial** que causó sorpresa y admiración, pero también un amplio revuelo y dudas sobre el potencial mal uso que tenía el modelo. Debido al delicado clima que se creó y al temor genuino sobre que pudiera ser utilizado para generar **información falsa, spam o contenido ofensivo** a una escala sin precedentes, OpenAI decidió no publicar ni permitir el acceso completo al ChatGPT-2. Semejante decisión tampoco estuvo exenta de polémica, ya que algunas voces acusaron a OpenAI de haber diseñado una estrategia publicitaria, exagerando el peligro potencial del modelo precisamente para ganar atención mediática.

Algunos investigadores también alzaron su voz para criticar que la publicación incompleta del modelo alejaba a la comunidad científica de los principios de investigación abierta que habían impulsado tantos avances en el pasado. Las implicaciones de un modelo como GPT-2 captaron igualmente la atención de políticos y gobiernos. Decenas de representantes gubernamentales de todo el mundo expresaron sus reservas sobre cómo modelos como ChatGPT podrían ser utilizados en **campañas de desinformación,** especialmente en un clima político ya cargado de noticias falsas y propaganda.

En respuesta a este torbellino de reacciones, OpenAI optó por un **lanzamiento escalonado de ChatGPT-2,** comenzando con versiones más pequeñas y, con el tiempo, liberando el modelo completo tras evaluar los riesgos y beneficios. También buscaron la colaboración desinteresada de todo tipo de personas, invitando a la comunidad global de investigadores y al público en general a identificar posibles riesgos y sus soluciones.

El episodio GPT-2 se convirtió en una lección crucial para la comunidad de IA. Subrayó que a medida que esta tecnología avanza y se integra más profundamente en la sociedad, las discusiones sobre **ética, responsabilidad y transparencia** cobran una vital importancia.

En el año 2020 se presentó **ChatGPT-3,** que, con 175 mil millones de parámetros, era más de un centenar de veces más grande que GPT-2. El nuevo modelo podía realizar tareas que anteriormente requerían entrenamiento específico, sin que ahora fuera necesario ningún afinamiento. Simplemente dando ejemplos en lenguaje natural, el modelo podía traducir idiomas, escribir ensayos, generar poesía, responder preguntas de nivel universitario, e incluso programar en varios len-

guajes de computación. Su versatilidad y sus habilidades indujeron que muchos expertos, como **Sam Altman** (1985), el director general de la empresa OpenAI, programadora del modelo, consideraran que GPT-3 era el paso más cercano a la inteligencia artificial general.

Por su parte, **ChatGPT-4** fue lanzado en el año 2023; supera exponencialmente los millones de parámetros de su antecesor, pero el verdadero valor de GPT-4 no reside únicamente en su tamaño, sino en su nunca vista capacidad para comprender contextos, generar respuestas y producir textos coherentes y relevantes. Es tan **sofisticado** en su operación que, en muchos escenarios y sometido a pruebas y tests específicos, es capaz de emular respuestas que parecen indistinguibles de las de un ser humano. Su avance continúa a pasos agigantados y la versión 5 y sus herederas no se harán esperar.

En el campo de los modelos de lenguaje basados en transformadores, GPT y BERT han copado los focos y el interés principal de investigadores y usuarios, pero hay **otros modelos** igualmente notables que han avanzado en la frontera del procesamiento del lenguaje natural. Dichos modelos, aunque menos populares a nivel de conocimiento global, han ofrecido innovaciones y aproximaciones únicas a algunos de los principales retos de la aplicación práctica de la IA.

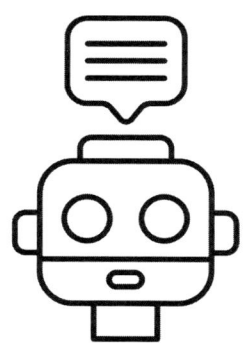

T5 (2019) fue desarrollado por Google AI y operó bajo un paradigma simple pero poderoso: considerar casi todas las tareas de procesamiento de lenguaje como un problema de **convertir texto en texto.** Ya sea traducción, resumen, preguntas y respuestas, o cualquier otra tarea, todo se enmarca como una conversión de una entrada de texto a una salida de texto. La simplicidad de esta estructura permitió a T5 ser entrenado en múltiples tareas sin cambios significativos en el modelo base.

XLNet (2019) ha sido el resultado de la colaboración entre Google Brain y la Carnegie Mellon University. Surgió como una respuesta a las limitaciones percibidas en modelos de entrenamiento de manera bidireccional como BERT. XLNet propone una **formación autorregresiva** que captura información en todas las permutaciones posibles de las palabras en una oración. Esta flexibilidad le permitió, en su lanzamiento, superar a BERT en varias tareas importantes en el procesamiento de lenguaje natural.

Por supuesto, la tecnología IA ha dado un paso de gigante y constantemente aparecen y aparecerán aplicaciones similares a ChatGPT, como Claude, Jasperchat, YouChat, etc., todas ellas capaces de hacer cosas sorprendentes como resumir textos, responder preguntas, escribir artículos, ofrecer titulares o crear arte. Cómo utilicemos esa tecnología y sus límites éticos son cuestiones que analizaremos más adelante en este libro.

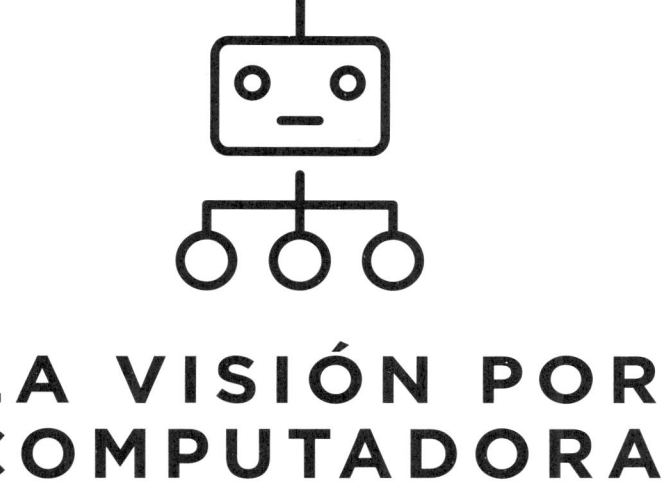

LA VISIÓN POR COMPUTADORA

La visión por computadora emerge, junto a los modelos de lenguaje, como una de las subáreas con un mayor potencial transformador de la vida diaria de las personas en el vasto campo de la inteligencia artificial. Esta disciplina busca dotar a las máquinas de una **capacidad similar a la visión humana**, permitiéndoles interpretar, procesar y tomar decisiones basadas en imágenes y vídeos, algo impensable a priori.

La idea de imitar la visión humana en máquinas no es nueva. Los primeros trabajos sobre el tema datan de los años 60 del siglo pasado, cuando investigadores visionarios empezaron a plantearse si las máquinas podían ser enseñadas para ver y entender su entorno. Pero no fue hasta la proliferación de las **cámaras digitales** y la creación de grandes conjuntos de datos visuales cuando se impulsó el avance tecnológico en este campo.

La historia y evolución de la visión por computadora, entendida no como un simple ordenador personal, sino como una máquina dedicada a la computación y el análisis, ha estado intrínsecamente ligada al desarrollo de la inteligencia artificial. Con el tiempo, la visión por computadora empezó a establecerse como un campo en sí mismo, diferenciándose, pero manteniendo fuertes lazos con otras ramas de la inteligencia artificial. La razón de esta estrecha relación radica en el hecho de que para que una máquina pueda ver no solo necesita procesar información visual, sino que también debe entenderla. Y es aquí donde entra en juego la inteligencia artificial, dotando a los sistemas de visión por computadora de la **capacidad de reconocimiento, interpretación y acción,** basada en las imágenes que procesan.

A medida que la tecnología avanzó, la visión por computadora comenzó a abarcar más que la simple detección de objetos en imágenes. Empezó a incluir el **reconocimiento de patrones,** la interpretación de **escenas complejas** y la interacción con **elementos en tiempo real.** Los algoritmos evolucionaron y las técnicas que alguna vez se consideraron futuristas, como las redes neuronales, se convirtieron en herramientas estándar en el arsenal de cualquier experto en visión por computadora.

FUNDAMENTOS Y APLICACIONES ACTUALES

La visión por computadora se centraba en sus etapas iniciales en el procesamiento básico de imágenes. Las técnicas como la **segmentación,** que divide una imagen en múltiples segmentos o regiones, y la detección de bordes, que identifica puntos en una imagen en los que el brillo cambia bruscamente, formaban la base de esta ciencia. Estos enfoques se basaban principalmente en reglas predefinidas y carecían de la flexibilidad y adaptabilidad necesarias para enfrentar escenarios que fuesen más complejos.

Al igual que en otros campos de la IA la llegada del aprendizaje profundo transformó el paisaje de la visión por computadora. Las redes neuronales convolucionales, inspiradas en el estudio del sistema visual de animales, pueden **aprender características jerárquicas** a partir de datos brutos, lo que les permite distinguir formas, patrones y objetos con una precisión sin precedentes.

LeNet-5 fue una de las primeras redes convolucionales especialmente diseñada para el reconocimiento de dígitos manuscritos. Aunque esta red marcó un hito, no fue hasta la llegada de modelos más profundos y, a medida que las arquitecturas de redes neuronales se volvían más profundas y complejas, surgió la necesidad de técnicas especializadas a fin de mejorar la eficiencia y abordar problemas como el sobreajuste. Técnicas como la normalización por lotes y la transferencia de aprendizaje se convirtieron en pilares esenciales para entrenar modelos potentes y efectivos.

Desde los píxeles hasta los patrones, el mundo de la visión por computadora ha evolucionado a un ritmo acelerado gracias a los avances de la inteligencia artificial. Esta evolución ha permitido la creación de **aplicaciones reales** que una vez pertenecieron solo al ámbito de la ciencia ficción pero que hoy están firmemente arraigadas en la vida cotidiana.

El reconocimiento facial es una de esas aplicaciones que ha cobrado relevancia en la última década. Con el advenimiento de soluciones como **FaceNet** (2015), el reconocimiento facial ha ido más allá de simples aplicaciones para etiquetar a personas en redes sociales. Ahora es una tecnología omnipresente en la seguridad aeroportuaria, el desbloqueo de dispositivos e incontables **sistemas de vigilancia.**

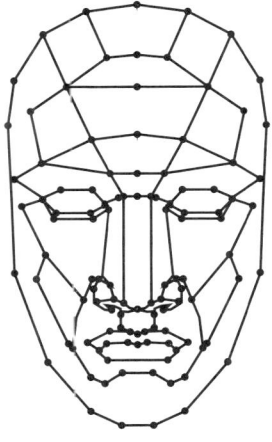

En el ámbito del transporte, la visión por computadora es la piedra angular de los **coches autónomos.** Empresas como Tesla, de Elon Musk (1971), han integrado sistemas avanzados de percepción visual en sus vehículos. **Tesla Autopilot** utiliza cámaras y algoritmos avanzados para interpretar el entorno del vehículo y tomar decisiones en tiempo real. **Waymo,** una empresa subsidiaria de Alphabet, la propietaria de Google, ha estado trabajando en vehículos totalmente autónomos, apoyándose fuertemente en capacidades de visión por computadora para navegar en entornos urbanos complejos.

La **detección y el diagnóstico médicos** también han experimentado una revolución con la incorporación de algoritmos de visión por computadora. Herramientas como el sistema de **DeepMind** para la detección de enfermedades oculares (2018) y la solución de Google para la detección de la retinopatía diabética (2018) están cambiando el panorama de la medicina diagnóstica, permitiendo una identificación temprana y precisa de enfermedades que de otro modo podrían pasar desapercibidas.

La mayor **velocidad de computación** está permitiendo que el análisis de vídeo en tiempo real constituya hoy una realidad. Herramientas como **OpenCV** (lanzado por primera vez en 2000) y **YOLO** (2016) hacen posible analizar multitudes, monitorizar áreas públicas y realizar seguimientos en eventos deportivos con una precisión sin precedentes. Estos sistemas no solo son cruciales para la seguridad, sino que también encuentran aplicaciones en el comercio minorista, el entretenimiento y la investigación científica.

En **el ámbito lúdico y social**, la realidad aumentada ha transformado la interacción con el mundo digital. **Snapchat,** con sus Lentes (2015), y **Pokémon GO** (2016) han popularizado la superposición de elementos digitales en el mundo real. Estas aplicaciones utilizan la visión por computadora para identificar y mapear el entorno, permitiendo la creación de experiencias inmersivas que fusionan lo digital con lo tangible.

Pero entre los avances logrados también se encuentran algunos ligados a la producción primaria. La agricultura de precisión ha emergido como un campo revolucionario gracias a la visión por computadora. Mediante el uso de drones equipados con cámaras avanzadas, los agricultores pueden monitorear sus cultivos y detectar signos tempranos de enfermedades o plagas. Esta aplicación no sólo promete aumentar la eficiencia agrícola, sino también asegurar la **sostenibilidad** y la **seguridad alimentaria** en un mundo con una población en constante crecimiento.

Todas las aplicaciones de las que hemos hablado representan solo la punta del iceberg de lo que la visión por computadora, potenciada por la inteligencia artificial, puede lograr en el futuro. En las siguientes páginas se tratarán aplicaciones aún más concretas aplicadas por ejemplo a sectores económicos y otras posibles situaciones de la vida diaria.

LENGUAJE + VISIÓN POR COMPUTADORA: LA REVOLUCIÓN DE CLIP Y DALL-E

En la corta historia de las aplicaciones reales de la inteligencia artificial, la confluencia de la visión por computadora y el procesamiento del lenguaje natural representa un hito revolucionario. Durante décadas, estos dos dominios, pese a estar intrínsecamente relacionados en la experiencia humana, se abordaron como campos separados en el mundo de la IA.

¿Por qué esta fusión es tan crucial y cómo se llega a este punto? Desde los albores de la computación los científicos han soñado con máquinas que pudieran, no solo entender, sino también ver y hablar como seres humanos. Por lo tanto, la idea de **fusionar texto e imágenes** en modelos de inteligencia artificial no es en absoluto reciente. En la experiencia humana, el lenguaje y la visión están inextricablemente vinculados. Por ejemplo, cuando se lee una novela, el lector visualiza en su mente las sucesivas escenas, y del mismo modo, al ver una película, se absorbe su trama a través de diálogos y narraciones. Así que, en esencia, el deseo de integrar texto e imágenes en la IA busca emular esta interacción natural que ocurre en la mente humana.

A pesar de su aparente sinergia, los **desafíos técnicos** de fusionar texto e imágenes son colosales. Los modelos de procesamiento del lenguaje natural, como BERT (2018) o GPT-2 (2019), que se han visto en el capítulo anterior, se desarrollaron para interpretar y generar texto basándose en vastos conjuntos de datos lingüísticos. Por otro lado, los sistemas de visión por computadora analizados en estas líneas, como las redes neuronales convolucionales, se diseñaron para procesar imágenes, reconociendo patrones y características visuales. La fusión de estos dos mundos requiere una arquitectura que pueda entender tanto las complejidades del lenguaje humano como las intrincadas estructuras visuales.

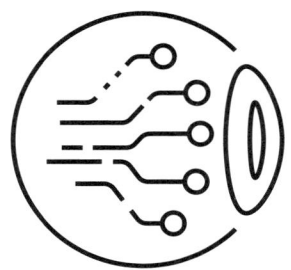

La inspiración detrás de **combinar texto e imágenes** proviene en parte de las aplicaciones prácticas que tal fusión puede desbloquear. Desde motores de búsqueda más intuitivos hasta sistemas de recomendación visual e *interfaces* de usuario más amigables, la capacidad de interpretar y relacionar texto con imágenes abre un nuevo mundo de posibilidades. Además, la fusión de estos dos dominios en la IA se ha beneficiado de los avances en el aprendizaje profundo. La disponibilidad de grandes conjuntos de datos, como **ImageNet,** que contiene millones de imágenes etiquetadas, junto con potentes arquitecturas de redes neuronales, ha propiciado un terreno fértil para experimentar con modelos híbridos.

Continuando con esta trayectoria evolutiva, los modelos CLIP y DALL-E de OpenAI emergen como ejemplos que materializan la promesa de la fusión entre lenguaje y visión en la inteligencia artificial. Estos sistemas no solo demuestran la viabilidad técnica de esta integración, sino que igualmente redefinen lo que es posible en términos de capacidades de la IA y representan un salto monumental porque no solo fusionan texto e imágenes en un continuo integrado, sino que también abren las puertas a un mundo donde la IA puede interactuar, comprender y crear de maneras que, hace apenas una década, se considerarían ciencia ficción.

La creación de CLIP y DALL-E por OpenAI no fue casual; más bien responde a una línea de trabajo en materia de IA que busca, frente a la extrema especialización de algunos estudios y aplicaciones, una **inteligencia artificial más generalizada,** que presente modelos que puedan realizar una amplia variedad de tareas sin requerir entrenamiento específico para cada una de ellas. Al analizar las versiones actuales de CLIP y DALL-E, al momento de publicación de este libro, es evidente que no son los modelos técnicos más avanzados del panorama de la IA, sino que su valor y su reconocimiento se deben a que son **aplicaciones fáciles** de utilizar por el usuario y que representan un puente que conecta dominios antes separados de la IA. Representan, en suma, un paso adelante en la comprensión y aplicación de la inteligencia artificial al fusionar lenguaje y visión.

En el año 2021 se dio a conocer **CLIP,** por sus siglas en inglés de *Contrastive Lenguage-Image Pre-training*, el modelo desarrollado por OpenAI que fusiona el lenguaje y la visión. El enfoque de entrenamiento tradicional en la visión por computadora, como se ha visto, suele depender de grandes conjuntos de **datos etiquetados** meticulosamente. Aquí cada imagen se asocia con una etiqueta específica, y el modelo aprende a reconocer patrones asociados a esas etiquetas. Sin embargo, este enfoque tiene sus limitaciones. Requiere una gran cantidad de datos etiquetados y, a menudo, el modelo final solo es competente en tareas muy específicas.

En contraposición a esta metodología, CLIP adopta un enfoque denominado **entrenamiento contrastivo.** En lugar de confiar en etiquetas fijas, CLIP se entrena comparando pares de imágenes y fragmentos de texto, aprendiendo las relaciones y asociaciones entre ellos. Esta metodología le permite entender el contenido visual en relación con descripciones textuales, y viceversa.

El resultado es un sistema altamente versátil. De esta forma, si se proporciona una imagen de un «perro jugando en un parque», CLIP puede identificar y asociar el contenido visual con ese fragmento de texto específico. Pero más allá de la simple **clasificación,** el modelo puede ser desafiado con tareas de **descripción,** donde genera un texto que describe el contenido de una imagen desconocida. Este modelo muestra también un eficaz desempeño en tareas como la búsqueda semántica de imágenes, permitiendo a los usuarios encontrar imágenes específicas basándose simplemente en descripciones textuales.

Las aplicaciones concretas de CLIP son numerosas y variadas. En el ámbito del arte, **artistas y diseñadores** pueden utilizar CLIP para encontrar inspiración visual basada en conceptos verbales. En la **investigación científica** CLIP puede ayudar a identificar y categorizar imágenes basadas en descripciones científicas detalladas. Y en el mundo del **comercio electrónico** las empresas pueden aprovechar este modelo para mejorar la búsqueda de productos, permitiendo a los clientes encontrar artículos específicos basándose en descripciones verbales detalladas.

DALL-E fue creado en el año 2021 y supuso el paso de los modelos basados puramente en texto a aquellos que pueden concebir y crear imágenes. Esta aplicación tiene como precursor a GPT-3, el modelo de lenguaje que podía generar texto coherente y, a menudo, indistinguible del que un humano podría escribir. Pero si GPT-3 se detenía en el reino del texto, DALL-E continuaba, llevando la generación autónoma a un territorio visual. Inspirado en la arquitectura de GPT-3, DALL-E fue entrenado no solo para comprender el lenguaje, sino también para **traducir** ese entendimiento **en imágenes.** El nombre DALL-E es un juego de palabras que combina el nombre del famoso pintor surrealista Salvador Dalí (1904-1989) con el personaje animado WALL-E de Pixar, representando así la fusión de arte y tecnología.

La forma en que DALL-E trabaja es verdaderamente revolucionaria. Se le puede proporcionar una descripción textual, como «un gato con forma de reloj de dos cabezas», y el modelo generará una serie de imágenes que representan esa descripción. Las imágenes generadas por DALL-E son únicas, creativas y, en algunos casos, verdaderamente surrealistas, reflejando la influencia de Salvador Dalí en el proyecto.

La esencia de DALL-E radica en la **relación entre palabras y conceptos visuales.** Durante su entrenamiento se le mostró una ingente cantidad de imágenes acompañadas de descripciones textuales. A lo largo de millones de estas parejas de texto-imagen, DALL-E comenzó a construir una relación interna entre las palabras y su representación visual correspondiente. Por lo tanto, cuando se le presenta una frase como por ejemplo «una zapatilla con forma de plátano», DALL-E no solo entiende el concepto, sino que da un paso más y también puede visualizar y generar una imagen que lo represente.

Más allá de la simple traducción de palabras a imágenes, lo que hace que esta aplicación sea verdaderamente innovadora es su capacidad para conceptualizar y crear imágenes de cosas que nunca ha visto antes, demostrando un nivel de creatividad que anteriormente se consideraba exclusivo de los humanos. La capacidad de este modelo para **generar imágenes a partir de descripciones abstractas** o incluso contradictorias pone de manifiesto el potente entrenamiento y la flexibilidad del modelo, y muestra asimismo una ventana a un futuro donde la IA puede colaborar en áreas como el **diseño gráfico,** el **arte** y la **animación.**

Hoy en día ya es posible que haya diseñadores que, apenas proporcionando unos bocetos verbales, puedan recibir prototipos visuales de una máquina, o animadores que esbocen tramas y personajes con palabras y permitan que la IA genere escenas preliminares. Tal tesitura puede derivar en situaciones en las que no quede tan patente la distinción entre la generación y la **apropiación,** así como las implicaciones en materia de **derechos de autor.** Dichas reservas están generando un gran número de debates y acaloradas discusiones que, en ámbitos como el de la producción audiovisual y el entretenimiento en Estados Unidos, han llevado a miles de trabajadores a iniciar huelgas para que la IA sea regulada en sus sectores laborales.

LAS APLICACIONES PRÁCTICAS DE LA IA: MIL MANERAS DE UTILIZARLA HOY

SOLUCIONES PARA LA EDUCACIÓN

La inteligencia artificial ha demostrado ser una poderosa herramienta que, ya en la actualidad, tiene el potencial de transformar diversos ámbitos de la sociedad, y la educación no es una excepción. A medida que la sociedad avanza hacia un mundo cada vez más digital y conectado, la IA comienza a perfilarse como una **aliada** en la búsqueda de soluciones y mejoras en la totalidad de los niveles educativos.

Sin embargo, a pesar de las múltiples ventajas de la IA en la educación, también se presentan desafíos y preocupaciones que se observan en otros ámbitos de aplicación. **La privacidad y la seguridad** de los datos de los estudiantes deben abordarse de manera rigurosa para garantizar la confidencialidad y la protección de la información personal. Por estas razones es necesario garantizar que la IA no reemplace completamente la interacción humana en el aula. Aunque la IA puede ser una herramienta valiosa, los educadores siguen desempeñando un papel fundamental en el desarrollo integral de los estudiantes, brindando apoyo emocional y fomentando habilidades sociales y de pensamiento crítico. Por estas razones la implementación de la IA en la educación debe ser cuidadosa y equilibrada, teniendo en cuenta consideraciones éticas y asegurando que se mantenga un enfoque centrado en el estudiante y en la colaboración entre educadores, alumnos y progenitores, por un lado, y esta nueva tecnología, por otro.

Pese a estos retos y desafíos, la IA ya tiene la capacidad de beneficiar a todos los actores involucrados en la educación: estudiantes, profesores, instituciones de enseñanza y padres. Veámos como.

ESTUDIANTES: EL APRENDIZAJE PERSONALIZADO

Los alumnos pueden aprovechar las ventajas de la IA para personalizar su aprendizaje. Los sistemas de IA pueden analizar los datos de los estudiantes, evaluar sus habilidades y necesidades individuales, y proporcionarles **recursos y actividades** adaptadas a su nivel y ritmo de aprendizaje. Esto permite que los estudiantes avancen siguiendo un camino único, creado de forma individual y que superen obstáculos de manera más efectiva.

En estas tareas ChatGPT y DALL-E son herramientas poderosas que pueden brindar un apoyo valioso a los alumnos, especialmente en dos categorías principales: la ayuda en la tarea diaria y la preparación de exámenes y otros hitos académicos.

La ayuda en la tarea diaria. La IA puede convertirse en una compañera virtual para los alumnos, proporcionando respuestas y explicaciones detalladas a sus preguntas. Si se encuentran con dificultades en un problema matemático, por ejemplo, pueden recurrir a la herramienta a fin de obtener una **solución paso a paso** y comprender mejor el proceso. Además, ChatGPT puede ofrecer ejemplos prácticos, resúmenes de conceptos complejos y sugerencias para abordar diferentes asignaturas. Esto permite a los alumnos ampliar su comprensión y superar obstáculos en su aprendizaje diario. Entre los ejemplos más destacados de esta ayuda puede incluir la **generación de resúmenes** en dos direcciones opuestas. Por una parte, entregando a la aplicación de IA largos escritos como un estudio, un ensayo, una investigación o apuntes sobre una materia para que la AI haga un

resumen ordenando los puntos más importantes. Por otra parte, se puede solicitar a la herramienta de IA la creación de resúmenes, esquemas o apuntes sobre un tema y de una extensión determinada.

Las aplicaciones de IA que ya están disponibles en los **dispositivos portátiles** como ordenadores, tabletas o teléfonos móviles pueden ayudar igualmente a la tarea diaria resolviendo dudas concretas mientras que el estudiante trabaja una asignatura concreta, sin necesidad de consultarlo al día siguiente con los profesores o de tener que perder una gran cantidad de tiempo de página web en página web con el método tradicional de búsqueda en internet. Una estudiante de secundaria podría tener una duda tan concreta como «¿Por qué algunos científicos piensan que la física cuántica tiene que ver con cómo pensamos o sentimos?» y en apenas cinco líneas, aplicaciones como ChatGPT pueden resolver su cuestión con un lenguaje adaptado a su edad, y con plena interactuación para poder ir modulando y personalizando la respuesta.

En el caso de DALL-E, su contribución se destaca en la generación de imágenes y visualizaciones. Los alumnos pueden aprovechar esta capacidad para crear **diagramas, gráficos y representaciones visuales** de conceptos y datos relevantes. Por ejemplo, en un proyecto de ciencias, pueden utilizar DALL-E para generar imágenes de modelos moleculares o representaciones visuales de experimentos. Estas herramientas 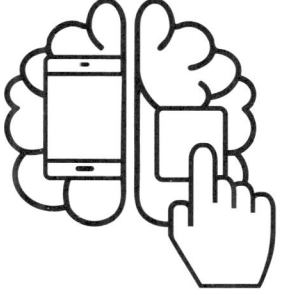 visuales no solo hacen que el contenido sea más atractivo y comprensible, sino que también ayudan a los alumnos a retener y comunicar información de manera efectiva.

La preparación de exámenes y otros objetivos académicos es uno de los campos en los que la IA, y en concreto ChatGPT, desempeña un papel crucial en la actualidad. Los alumnos pueden utilizarlo para acceder a material de estudio adicional, como ejercicios de práctica, preguntas de muestra y resúmenes de los temas clave. Esto les proporciona una oportunidad para **repasar y consolidar** su conocimiento antes de los exámenes. Además, esta herramienta de IA puede brindar **estrategias de estudio efectivas,** técnicas de organización y consejos acerca de cómo administrar el tiempo de manera eficiente. Estas orientaciones pueden ayudar a los alumnos a desarrollar habilidades de estudio sólidas y a prepararse de manera más efectiva para los desafíos académicos. Por poner un ejemplo, veamos cómo ChatGPT podría ayudar a una estudiante de secundaria.

PROPÓNME 10 PREGUNTAS PARA PREPARAR MI EXAMEN DE GEOGRAFÍA DE ESPAÑA.

¡Claro, María! Aquí las tienes. ¡Suerte!

1. ¿Cuál es la capital de la comunidad autónoma de Aragón?

-a) Zaragoza
-b) Huesca
-c) Teruel
-d) Lleida

2. ¿Cuál es el pico más alto de España?

-a) Pico Aneto
-b) Mulhacén
-c) Teide
-d) Peñalara

......

9. ¿Qué ciudad es conocida como la «Ciudad de las Tres Culturas»?

-a) Córdoba
-b) Granada
-c) Toledo
-d) Salamanca

10. ¿Cuál es la principal isla del archipiélago balear?

-a) Menorca
-b) Ibiza
-c) Formentera
-d) Mallorca

Respuestas correctas: 1A , 2C, ... 9C, 10A

María 12 años. Estudiante.

DOCENTES: OPTIMIZACIÓN PARA UNA EDUCACIÓN BASADA EN CADA ALUMNO

Los profesores tienen en los sistemas de IA una importante ayuda para realizar un **seguimiento del progreso** de los estudiantes de manera más eficiente, identificar áreas de mejora y ofrecer sugerencias personalizadas para la enseñanza. La IA también puede hacer más fácil la **creación de contenido** educativo interactivo, como **simulaciones y tutoriales** virtuales, que permiten a los profesores enriquecer sus clases y brindar experiencias de aprendizaje más dinámicas. Incluso ya es factible que proponga exámenes y los corrija, tanto en formato tipo test, de pregunta y respuestas dadas, o de desarrollo, analizando si la respuesta del alumno se ajusta a la pregunta propuesta y ofreciendo una calificación objetiva.

Entre los ejemplos más notables que se verán de manera práctica en el capítulo están la función como asistente virtual de planificación de lecciones, la ayuda en la evaluación personalizada y automatizada, la generación automática de materiales de enseñanza, la tutoría personalizada o el análisis de datos y seguimiento de progreso.

Asistente virtual de planificación de lecciones. Los profesores pueden utilizar la IA para crear planes de lecciones eficientes con anterioridad a la clase. Gracias a esta función, el profesor puede introducir en ChatGPT el temario que por ley le correspondería impartir durante ese curso a sus alumnos y pedir a la IA que le haga una **programación semanal** de qué temas impartir semanalmente y los objetivos que se deben conseguir durante estos períodos. Con esa planificación el profesor puede trabajar e ir adaptando el temario a los resultados obtenidos con los alumnos. De hecho, la planificación virtual es dinámica y se puede solicitar a la inteligencia artificial una revisión basada en el rendimiento o en la dificultad de las lecciones con **datos basados en estadísticas** disponibles en línea. Con esta planificación el profesor puede pedir también que para cada uno de los temas la aplicación de IA le ofrezca contenido adaptado al nivel general de los alumnos. Así puede interactuar con ChatGPT solicitando materiales que ahonden en la comprensión de una lección que está resultando más complicada, todo esto en línea y en directo, mientras se desarrolla la explicación en el aula.

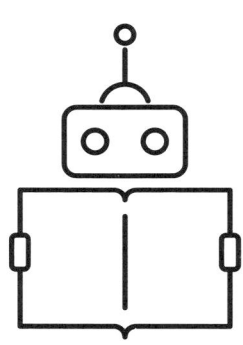

La optimización de la planificación de las lecciones se puede complementar con las aplicaciones integradas en los principales modelos de lenguaje como BARD o ChatGPT, que incluyen la opción de transformar las respuestas directamente en **presentaciones, tablas o archivos de texto.**

Una de las tareas que suele consumir más tiempo en los docentes es la revisión y evaluación de trabajos, exámenes o pruebas diversas. En las encuestas realizadas en la mayor parte de los países del mundo los profesores indican que la **corrección de exámenes** supone una gran carga de trabajo que aporta poco valor a la calidad de la educación que reciben sus alumnos. La **evaluación personalizada y automatizada** es una de las soluciones que la inteligencia artificial ofrece para reducir la carga de trabajo repetitivo de los docentes gracias a la capacidad de agilizar y mejorar el proceso de evaluación de los estudiantes. Los docentes pueden utilizar sistemas de IA para corregir exámenes y tareas de manera rápida y precisa. Estos sistemas pueden analizar respuestas escritas y proporcionar puntuaciones automáticas, comentarios y estadísticas detalladas a propósito del desempeño de los estudiantes.

En estrecha relación con la corrección de exámenes y pruebas, la **generación automática de materiales de enseñanza** permite una mayor personalización de los resultados académicos de los alumnos. La IA puede ayudar a los profesores a crear al instante textos y materiales de enseñanza adaptados a las necesidades individuales de cada alumno. Asimismo, los docentes pueden utilizar la inteligen-

cia artificial en la **creación de los exámenes,** su **corrección** y, como se puede observar en el ejemplo adjunto, una vez corregidos, ChatGPT se puede utilizar para enviar a cada alumno no solo el resultado de su prueba, sino los puntos que debe mejorar y los temas sobre los que debe trabajar más a fondo.

CON LAS NOTAS QUE ACABAS DE CORREGIR HAZME UN BORRADOR DE *E-MAIL* PARA «ALUMNO 5» A FIN DE QUE REPASE AQUELLOS TEMAS QUE HA FALLADO EN EL EXAMEN.

¡Por supuesto, Andrés! Aquí tienes un borrador del *e-mail*:

Asunto: reforzamiento sobre la Independencia de Colombia y la Gran Colombia

Estimado [Nombre del Alumno 5],

Espero que este mensaje te encuentre bien. Tras revisar los resultados del último examen, he notado que hay algunos puntos clave sobre la Independencia de Colombia y la formación de la Gran Colombia que podrían necesitar un repaso adicional. A continuación, te proporciono un resumen de los puntos más importantes para que puedas trabajar en ellos desde casa:

1. Antecedentes de la Independencia:

-Influencia de las revoluciones en Europa y América.
-Descontento social y político en los territorios colonizados.

2. El Grito de Independencia (20 de julio de 1810):

-Importancia del Florero de Llorente.
-Formación de juntas y comités revolucionarios.

[…]

5. Figuras clave:

-Simón Bolívar, Francisco de Paula Santander, Antonio Nariño, entre otros.

Te recomendaría que, además de revisar tus apuntes y el material de clase, investigues y leas más sobre estos puntos. Si tienes alguna duda o inquietud, no dudes en ponerte en contacto conmigo. Estoy aquí para ayudarte y apoyarte en tu proceso de aprendizaje. Recuerda que el aprendizaje es un viaje y todos enfrentamos desafíos en el camino. Con esfuerzo y dedicación, estoy seguro de que podrás superar este obstáculo y mejorar en el próximo examen.

Un cordial saludo,Andrés Gallardo

Andrés, 42 años. Profesor de instituto.

La tutoría virtual personalizada. La tutoría virtual personalizada, habilitada por la inteligencia artificial, está redefiniendo el panorama educativo, ofreciendo un seguimiento y una atención personalizada a los estudiantes, incluso en ausencia física de los docentes. Esta innovación se manifiesta de diversas maneras, cada una con su propio impacto en el proceso de aprendizaje.

En primer lugar, las **plataformas de aprendizaje adaptativo,** como **DreamBox Learning** y **Khan Academy,** están a la vanguardia de esta revolución. Tales herramientas utilizan algoritmos sofisticados para adaptar los desafíos y contenidos al nivel y ritmo de cada estudiante. DreamBox Learning, por ejemplo, popular en varias escuelas de Estados Unidos, ajusta las actividades matemáticas basándose en las respuestas y estrategias del alumno. Ello no solo personaliza la experiencia de aprendizaje, sino que también fomenta un entendimiento más profundo de los conceptos matemáticos.

Los *chatbots* educativos, implementados en instituciones de renombre como Stanford y el Instituto Tecnológico de Georgia, representan otro avance significativo. Estos *chatbots*, como Jill Watson, basada en IBM Watson, asisten a los estudiantes respondiendo preguntas frecuentes. Este tipo de asistencia libera a los profesores de las tareas repetitivas, permitiéndoles concentrarse en aspectos más complejos de la enseñanza.

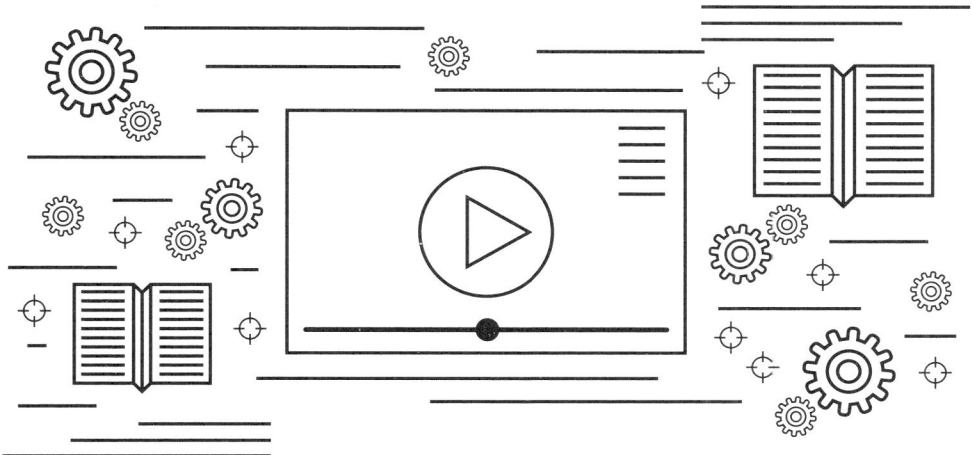

Una de las tareas más repetitivas de los docentes es la **corrección gramatical** de los textos de los estudiantes. Hoy en día, herramientas como **Turnitin** y **Grammarly** están transformando la manera en que los estudiantes reciben retroalimentación sobre su escritura. Estos sistemas no solo identifican errores gramaticales, sino que igualmente ofrecen sugerencias para mejorar la coherencia y el estilo de los textos. Esta retroalimentación instantánea y detallada es vital para el desarrollo de habilidades de escritura efectivas.

Estas herramientas están siendo adoptadas desde gobiernos como el de Singapur, que ha puesto en marcha una completa plataforma de educación *online* sobre la que trabajan docentes, alumnos y padres y que permite una tutoría absolutamente personalizada.

El análisis de datos y el seguimiento del progreso, potenciados por la inteligencia artificial, representan un nuevo paso en la educación, especialmente desde la perspectiva de los profesores. Tales herramientas de IA permiten a los educadores recopilar y analizar información detallada acerca del rendimiento de sus estudiantes, facilitando una comprensión más profunda de sus **necesidades individuales y grupales.**

En la actualidad, sistemas como **GoGuardian** y **Renaissance Learning,** ampliamente adoptados en escuelas alrededor del mundo, sirven de ejemplo en

este ámbito. **GoGuardian** ofrece a los profesores una visión clara de cómo los estudiantes utilizan sus dispositivos y recursos en línea, lo que es crucial para comprender su comportamiento de aprendizaje y ajustar las estrategias de enseñanza en consecuencia. Esta herramienta ayuda a los profesores a identificar qué estudiantes pueden necesitar **más atención o recursos adicionales,** así como a reconocer cuándo todo el grupo podría beneficiarse de un cambio en el enfoque de enseñanza o la metodología.

Renaissance Learning, por otro lado, proporciona una plataforma de evaluación y seguimiento del progreso que facilita a los profesores la tarea de identificar áreas específicas en las que sus estudiantes están luchando. Por ejemplo, si un grupo de alumnos muestra dificultades generalizadas en un área particular de matemáticas, el sistema lo señala, permitiendo al profesor **reorientar su plan de estudios** para abordar estas deficiencias. Del mismo modo, puede destacar a aquellos estudiantes que muestran un rendimiento excepcional, permitiendo una personalización más profunda y avanzada del aprendizaje.

Estas herramientas no solo optimizan la enseñanza, sino que también empoderan a los profesores, proporcionándoles datos valiosos que les ofrecen perspectivas que antes eran difíciles de encontrar. El análisis de datos impulsado por IA está transformando la educación en una experiencia más dinámica, adaptativa y centrada en el estudiante, a través de la cual los profesores pueden ejercer un impacto más significativo y medible en el aprendizaje de sus alumnos.

PROGENITORES: COPARTÍCIPES DIARIOS DE LA EDUCACIÓN DE SUS HIJOS

Los padres son otro de los actores fundamentales en el plano educativo. Sin su participación y plena integración en la formación del alumno, muchos de los esfuerzos realizados por los profesores no pueden conseguir el éxito –o resultado– deseado.

Los progenitores se enfrentan a diversos retos en la educación académica de sus hijos. Algunos de los desafíos incluyen **adaptarse a los nuevos métodos de**

enseñanza en línea, equilibrar el tiempo dedicado a las tareas escolares y actividades extracurriculares, comprender y apoyar los planes de estudios que cursan sus hijos, además de estar al tanto de las necesidades y desafíos individuales de cada uno. Además, los padres también afrontan el reto de fomentar la **motivación** y el **compromiso** de sus hijos en el aprendizaje, así como establecer una **comunicación** efectiva con los educadores para garantizar una colaboración fluida que se traduzca en un mayor rendimiento académico de los alumnos.

Las nuevas herramientas de inteligencia artificial ofrecen a los progenitores una serie de beneficios clave en el ámbito de la educación. La implementación de sistemas de IA en la rutina permitiría a los padres trabajar en ámbitos tan concretos como: el seguimiento del progreso académico, la tutoría en el hogar junto a la asistencia para comprender los planes de estudio, el apoyo en la preparación de exámenes y la búsqueda de recursos y opciones educativas.

En el ámbito de la educación, la inteligencia artificial ha abierto puertas a posibilidades antes inimaginables, especialmente en lo que respecta al **seguimiento del progreso académico de los estudiantes.** Ahora los progenitores comienzan a hacer un seguimiento más efectivo del progreso académico de sus hijos. Estas tecnologías, al integrarse en sistemas de gestión del aprendizaje y plataformas educativas, ofrecen análisis detallados y personalizados del rendimiento estudiantil. Una aplicación clave de la IA en este ámbito es la **analítica de aprendizaje,** que procesa grandes volúmenes de datos generados por los estudiantes. Plataformas como **Coursera y Khan Academy** utilizan algoritmos de IA para monitorear el progreso del estudiante, proporcionando informes que los padres pueden consultar en línea. Esta información es crucial para entender las áreas en las que desarrollan un mejor rendimiento y, también, en las que necesitan mejorar.

La personalización del aprendizaje impulsada por la IA es otro factor importante. Como se ha visto con anterioridad, sistemas como **DreamBox Learning** adaptan los contenidos educativos a las necesidades de cada estudiante, ofreciendo a los padres una visión clara del desarrollo de habilidades específicas. Este enfoque permite ajustar la dificultad y el tipo de tareas basándose en el desempeño del estudiante.

La **comunicación entre padres y educadores** se ve facilitada igualmente con plataformas como **Edmodo,** que utilizan IA para mantener a los padres informados sobre el rendimiento académico y la participación de sus hijos, así como para ofrecer recomendaciones personalizadas.

En la sociedad actual la educación no se limita a las aulas. Cada vez más los hogares se convierten en extensiones de los espacios educativos, y, en este escenario, la inteligencia artificial emerge como una herramienta de vital importancia. Para los padres la IA no es solo una innovación tecnológica, sino un aliado esencial en **la tutoría en el hogar,** ofreciendo un apoyo personalizado y adaptativo a las necesidades de sus hijos.

Una de las aplicaciones más relevantes de la IA en el contexto familiar es la **personalización del aprendizaje.** Programas y plataformas basados en esta nueva tecnología pueden analizar las fortalezas, debilidades y estilos de aprendizaje de los estudiantes, adaptando los materiales y métodos didácticos para optimizar su rendimiento académico. Esta personalización va más allá de lo que un tutor humano podría ofrecer, ya que la IA puede procesar una gran cantidad de datos para generar recomendaciones precisas y específicas para cada estudiante. Asimismo, la IA ofrece herramientas para ayudar a los padres a supervisar y participar activamente en la educación de sus hijos. Con aplicaciones de **seguimiento del progreso,** los padres pueden recibir actualizaciones en tiempo real sobre el rendimiento y el desarrollo de sus hijos. Esto les permite intervenir de manera oportuna en áreas donde se requiera apoyo adicional, fomentando una colaboración estrecha entre la escuela y el hogar. En la enseñanza de habilidades complejas, como la programación, ya existen programas específicos diseñados para niños que les facilitan la comprensión de conceptos complicados. Herramientas como **Code.org** ofrecen un enfoque accesible y atractivo, permitiendo a los padres sin conocimientos previos en programación apoyar a sus hijos en el aprendizaje de esta habilidad crucial.

Otro aspecto revolucionario es la **accesibilidad al conocimiento** que proporciona la IA. Mediante el uso de asistentes virtuales y plataformas educativas en línea, los recursos de aprendizaje se vuelven accesibles en cualquier momento y lugar. Esto es particularmente beneficioso para familias en regiones remotas o con limitaciones para acceder a recursos educativos tradicionales. La IA no solo facilita el acceso al conocimiento, sino que igualmente lo democratiza, haciendo posible que más niños tengan las mismas oportunidades de aprendizaje.

Casi todas las herramientas basadas en inteligencia artificial también permiten a los padres realizar el seguimiento del progreso académico de sus hijos y la **identificación temprana** de áreas en las que necesiten mejorar. Al analizar patrones en el aprendizaje y los resultados de las pruebas realizadas por los alumnos, estas herramientas alertan a los padres sobre posibles dificultades, permitiendo intervenciones oportunas para evitar que se conviertan en obstáculos mayores a medio o largo plazo.

• •

¿QUÉ LIBROS Y OTROS RECURSOS ME RECOMIENDAS PARA APOYAR A MI HIJA CON FILOSOFÍA DE 2.º DE BACHILLERATO?

Puedo ofrecerte algunas recomendaciones basadas en mi conocimiento:

1. **Libros de texto:**

-*Historia de la filosofía*, de José Ramón Ayllón, Víctor García Hoz y Antonio Millán-Puelles. Es uno de los libros más utilizados en los institutos españoles y ofrece una visión clara y concisa de los principales filósofos y corrientes filosóficas.

2. **Lecturas complementarias:**

-*El mundo como voluntad y representación*, de Arthur Schopenhauer. Aunque es una lectura densa, se trata de una excelente introducción al pensamiento de este filósofo.

-*Meditaciones*, de Marco Aurelio. Es un clásico del estoicismo y puede ser una buena introducción a la filosofía práctica.

3. **Recursos *online*:**

-Filosofía.net: Es un portal con recursos, artículos y ensayos sobre diferentes temas de filosofía.

-Unprofesor: Es una plataforma educativa que ofrece vídeos y tutoriales a propósito de diferentes asignaturas, incluida la filosofía.

4. **Aplicaciones y plataformas educativas:**

-Plataformas como Khan Academy o Coursera ofrecen cursos sobre filosofía que pueden ser útiles como refuerzo.

Es importante que tu hija se acerque a la filosofía con una mente abierta y curiosa. La filosofía no solo significa memorizar conceptos, sino comprender y reflexionar sobre ellos. ¡Espero que estas recomendaciones te sean útiles!

Ángela, 52 años. Madre.

La preparación de exámenes siempre ha sido un momento crucial en la educación de los hijos. En este contexto, la inteligencia artificial está emergiendo como un recurso valioso para los padres en su esfuerzo por brindar apoyo efectivo a sus hijos. La IA no solo ofrece herramientas para mejorar el rendimiento académico, sino que también ayuda a reducir la ansiedad y el estrés asociados con los exámenes. Un ejemplo destacado de cómo la IA puede asistir en la preparación de exámenes es **Quizlet.** Esta plataforma utiliza algoritmos de IA para crear tarjetas de estudio y pruebas prácticas personalizadas que se adaptan a las necesidades de aprendizaje del estudiante. Al analizar las respuestas anteriores, Quizlet identifica las áreas en las que los estudiantes deben concentrarse y en los temas que necesitan más atención.

Otra herramienta innovadora es **Wolfram Alpha,** un motor de conocimiento computacional que proporciona respuestas detalladas a preguntas complejas, especialmente en áreas de matemáticas y ciencia. Esta herramienta puede ser de gran ayuda para los padres en el momento de abordar temas complejos y proporcionar explicaciones claras y precisas a sus hijos.

Es importante mencionar también el papel de la IA en la gestión del tiempo y la organización del estudio. Aplicaciones como **My Study Life y Todoist** utilizan IA para ayudar a los estudiantes a planificar sus sesiones de estudio, establecer recordatorios y seguir su progreso, lo que resulta en una preparación de exámenes más eficiente y menos estresante.

En el ámbito educativo contemporáneo, los padres enfrentan el reto de comprender y navegar por los complejos **planes de estudio** que sus hijos deben seguir. Aquí, la inteligencia artificial se presenta como un recurso indispensable, brindando claridad y asistencia en la interpretación de estos programas educativos. Una de las herramientas más prometedoras en este ámbito es el análisis de datos educativos potenciado por IA. Plataformas como **Brightspace** y **Canvas** utilizan la IA para ofrecer a los padres un desglose detallado del progreso académico de sus hijos. Tales sistemas pueden identificar áreas concretas del temario donde los estudiantes podrían necesitar apoyo adicional, permitiendo a los progenitores entender mejor dónde y cómo pueden ayudar.

Otras de las aplicaciones clave de la IA en este campo es la de ayudar a los padres a **encontrar recursos y exploración de diferentes opciones educativas.** Los padres que deseen involucrarse activamente en la vertiente diaria de la educación académica de los hijos pueden solicitar a ChatGPT un listado de recursos educativos, ya sean básicos o adicionales, para trabajar y preparar una determinada materia, tema o asignatura. La IA ofrece igualmente una

inestimable ayuda a la hora de brindar información acerca de diferentes opciones, como **programas extracurriculares,** actividades de enriquecimiento intelectual, artístico y recursos disponibles en línea para seleccionar entre las incontables **actividades extraescolares** que hoy en día se ofrecen a los alumnos.

Todas estas aplicaciones consiguen incontables beneficios que enriquecen la experiencia educativa, ayudando a los padres a desempeñar un papel activo y de apoyo en el desarrollo académico de sus hijos.

De la misma forma, las **instituciones educativas** pueden aprovechar la IA para mejorar la **gestión de datos y procesos administrativos,** como en otras empresas, y pueden automatizar tareas como el registro de estudiantes, la generación de horarios y la evaluación de exámenes, liberando tiempo y recursos para que los educadores se enfoquen en actividades más creativas y de valor añadido, las verdaderamente humanas. Además, la IA puede contribuir a la detección temprana de problemas de aprendizaje o comportamiento, lo que permite una intervención temprana, oportuna y personalizada.

Como se ha esbozado en estas páginas, la inteligencia artificial también ha dado muestras de ser una prometedora herramienta a la hora de abordar los desafíos de la educación actual y mejorar la calidad y eficiencia de los procesos de enseñanza y aprendizaje. Pero la IA también da signos de ser un potencial aliado a la hora de abordar los actuales problemas del sistema educativo y mejorarlo en múltiples aspectos. Veamos un ejemplo simple de ayuda para encontrar una actividad extraescolar.

• •

A NUESTRO HIJO DE 11 AÑOS LE GUSTA EL BALLET, ¿NOS RECOMIENDAS ESCUELAS EN BARCELONA?, ¿ESTARÁ PREPARADO?
Por supuesto, Barcelona tiene varias escuelas de ballet muy reconocidas. Aquí hay algunas que podríais considerar para tu hijo.

1. Instituto del Teatro de Barcelona. Tienen programas tanto para niños como para adultos. https://www.institutdelteatre.cat/

2. Escuela de Ballet Clásico Rosita Mauri. Esta es otra institución destacada que ofrece una variedad de programas para distintas edades y niveles. http://www.rositamauri.com/

3. Centre de Dansa de Catalunya. Esta escuela tiene programas para niños a partir de los 8 años y ofrece clases tanto para principiantes como para estudiantes más avanzados. https://www.centredansacatalunya.com/

Para saber si vuestro hijo está preparado, debéis considerar varios factores: la danza requiere disciplina, dedicación y un buen estado físico. Si a vuestro hijo le gusta moverse, tiene paciencia para aprender y está dispuesto a comprometerse con la práctica regular, probablemente disfrutará y se beneficiará de las clases de ballet.

Además, muchas escuelas de ballet ofrecen clases de prueba donde podríais ver cómo se siente vuestro hijo en un entorno de clase antes de comprometerse a largo plazo. Recordad que es importante alentar a vuestro hijo a disfrutar del proceso de aprendizaje y no solo a centrarse en el rendimiento o el éxito. El ballet puede ser una forma maravillosa de expresarse, mantenerse activo y aprender disciplina y gracia.

Jordi y Joana, 38 y 33 años. Padres.

Uno de los desafíos más apremiantes en la educación es la personalización del aprendizaje. Cada estudiante tiene su propio ritmo de aprendizaje y sus necesidades específicas, pero en las aulas tradicionales resulta difícil proporcionar una **atención individualizada.** En este aspecto la IA puede marcar una importante diferencia y, mediante el análisis de datos y el uso de algoritmos creados al efecto, los sistemas de IA pueden adaptar el contenido y las estrategias de enseñanza a las necesidades de cada estudiante. Esto permite un enfoque más personalizado, mediante el cual los estudiantes pueden recibir materiales de estudio, actividades y **retroalimentación** adaptados a su nivel y estilo de aprendizaje, pero sin obviar los objetivos académicos concretos de cada curso o nivel. La IA actúa sobre la estrategia con la que abordar una materia para un alumno, y la manera de llevarla a cabo, no del contenido en sí, que al ser una materia reglada por las leyes educativas de cada estado son un estándar de evaluación que el alumno ha de alcanzar para poder superar un curso determinado.

Otro desafío importante es la **evaluación.** Los exámenes tradicionales a menudo se centran en la memorización y no capturan plenamente las habilidades y el conocimiento real de un estudiante, especialmente en las nuevas disciplinas que ya están llegando a las aulas y que se salen de las principales materias impartidas en el siglo xx. La IA puede proporcionar evaluaciones más objetivas y precisas al analizar grandes cantidades de datos y utilizar técnicas de aprendizaje automático. Los sistemas de IA son capaces igualmente de **evaluar el desempeño de los estudiantes en tiempo real,** identificar áreas de mejora y proporcionar retroalimentación instantánea y personalizada. Además, la IA sirve para ayudar a los educadores a identificar patrones y tendencias en los resultados de los estudiantes, lo que a su vez sirve de alerta temprana para el profesor, que tiene tiempo de respuesta para afinar las prácticas pedagógicas y, por lo tanto, mejorar la enseñanza en general.

La falta de recursos educativos de calidad y la desigualdad en el acceso a la educación son desafíos persistentes en muchos lugares del mundo, desde la diferencia entre países hasta la **dualidad mundo rural-mundo cosmopolita,** o las desigualdades existentes entre las instituciones educativas de una misma localidad, debidas a factores económicos, de integración o presupuestarios.

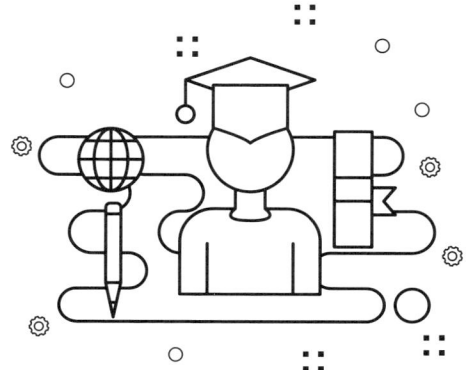

La IA es capaz de abordar estos problemas al proporcionar **plataformas de aprendizaje en línea** y herramientas interactivas. Tales plataformas serían capaces de ofrecer contenido educativo enriquecido, como cursos en línea, tutoriales interactivos y simulaciones virtuales. Además, la IA puede personalizar la experiencia de aprendizaje al adaptar los materiales y las actividades según las necesidades y preferencias de cada estudiante. Esto no solo facilita el **acceso a una educación de calidad,** sino que también fomenta la motivación y el compromiso de los estudiantes ante el incentivo que otorga la consecución de los objetivos académicos, ahuyentando la posibilidad del temido fracaso y abandono escolar.

La colaboración y el intercambio de conocimientos entre educadores también pueden mejorarse gracias a la IA. Estos pueden utilizar plataformas de colaboración basadas en la nueva tecnología a fin de compartir recursos, ideas y mejores prácticas con otros educadores de todo el mundo. Estas plataformas facilitan la comunicación, el intercambio de experiencias y la resolución colaborativa de problemas. Además, la IA puede coadyuvar a analizar y organizar grandes cantidades de datos educativos, lo que permite a los educadores identificar tendencias y patrones a nivel sistémico, mejorar las políticas educativas y promover la investigación y la innovación en el campo de la educación.

Como vemos, si se utiliza con criterio y responsabilidad, la IA puede ser una poderosa herramienta de conocimiento y desarrollo educativo en todo el mundo.

NUEVAS ARMAS EN SALUD Y MEDICINA

L a aplicación de la inteligencia artificial a la medicina y la mejora de la salud, desde un punto de vista integral, ha tenido un auge sin precedentes en los últimos años. La confluencia de la IA con la medicina está consiguiendo mejorar los procesos, los tratamientos médicos, y la manera en que se entiende y se aborda la **salud a nivel global.**

Desde sus inicios, la medicina ha sido una ciencia en constante evolución, buscando siempre la precisión, la eficacia y la personalización en sus intervenciones. Pero en las últimas décadas ha ido encontrando un reto de gestión de la cantidad creciente de datos médicos y la complejidad inherente a la biología. Estas circunstancias han presentado desafíos que, en muchos casos, superan las capacidades humanas de **análisis y síntesis.** Es en este escenario en donde la IA ha encontrado un terreno fértil para su desarrollo y aplicación.

A lo largo de la historia, la relación entre la tecnología y la medicina ha sido estrecha. Desde la invención del estetoscopio en el siglo XIX hasta las modernas técnicas de diagnóstico por imagen, la tecnología ha jugado un papel crucial en el avance de la medicina. En este continuo proceso de avance, la irrupción de la IA en este campo ha marcado un punto de inflexión. A diferencia de las herramientas anteriores, que ampliaban las capacidades físicas del médico, la IA amplía y complementa sus capacidades cognitivas, permitiendo **interpretar patrones** en grandes conjuntos de datos, prever evoluciones de enfermedades y personalizar tratamientos de una manera que antes se consideraba imposible. Pero es esencial entender que la IA no busca reemplazar la labor del profesional médico, sino potenciarla. La medicina, en su esencia, es una disciplina profundamente humana, donde la empatía, el juicio clínico y la relación médico-paciente son irremplazables. En este contexto, la inteligencia artificial se presenta como una **herramienta** que, bien utilizada, puede liberar al médico de tareas repetitivas y permitirle centrarse en lo que verdaderamente importa: el cuidado del paciente.

La importancia de la IA en el ámbito sanitario no se limita únicamente a la mejora de diagnósticos o tratamientos. Su potencial para transformar la gestión hospitalaria, la investigación médica y la prevención de enfermedades es inmenso.

LOS PACIENTES: DEL DIAGNÓSTICO A LOS TRATAMIENTOS PERSONALIZADOS

La incorporación de la IA en la medicina ha desencadenado una revolución en el diagnóstico personalizado, una convergencia entre la tecnología avanzada y el cuidado humano que promete transformar la forma en que se abordan la salud y la enfermedad.

Los grandes avances en el **diagnóstico clínico** acercan la esperanza de un mundo donde la detección temprana del cáncer sea la norma y no la excep-

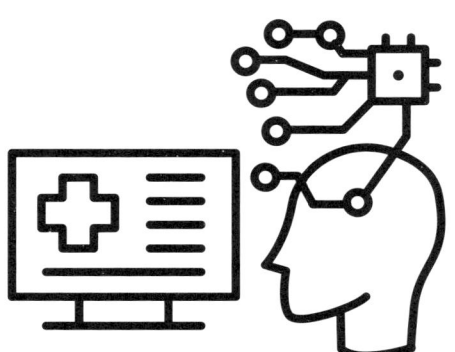

ción. En este escenario, los algoritmos de aprendizaje profundo, nutridos con miles de imágenes de tejidos enfermos y sanos, se convierten en colaboradores silenciosos, pero increíblemente eficaces. En algunos centros médicos pioneros, estos sistemas ya están mejorando **la precisión** de los diagnósticos de cánceres como el de mama, pulmón y piel. No solo detectan tumores que a menudo son difíciles de ver, sino que también proporcionan información crucial acerca de la agresividad del cáncer, llevando a tratamientos más efectivos y personalizados. Por ejemplo, el servicio de salud público del Reino Unido trabaja con Google y su *software* llamado **DeepMind,** que, por medio de los algoritmos, ha identificado patrones que predicen algunos tipos de cánceres de mama y pulmón.

La **personalización al nivel de genética molecular** es una de las actuales fronteras médicas en las que la IA se está erigiendo como un instrumento crucial. Para enfermedades genéticas raras, esta tecnología es una fuente que permite imaginar un futuro de grandes avances. En instituciones como el Instituto Broad, la IA está analizando el genoma humano, identificando anomalías genéticas y proporcionando información vital para el diagnóstico y tratamiento de estas condiciones. Semejantes avances no solo ayudan en el diagnóstico, sino que también abren la puerta a terapias que pueden corregir las mutaciones genéticas causantes de la enfermedad. El cardiólogo y genetista estadounidense Dr. Eric Topol (1954), del Instituto Scripps, está utilizando la IA para identificar **variaciones genéticas** que podrían indicar predisposición a ciertas enfermedades, permitiendo a los médicos desarrollar estrategias de tratamiento personalizadas para condiciones como enfermedades cardíacas y algunos tipos de cáncer.

Las **enfermedades crónicas** son uno de los mayores retos a los que se enfrenta la medicina actual. Los sistemas sanitarios han de tratar de manera regular a unos pacientes para los que su condición no tiene cura, y estos a su vez, en muchas ocasiones, ven condicionada toda su vida cotidiana al tener que lidiar con actividades como la medida de niveles, la dosificación de los fármacos, etc. En este campo la inteligencia artificial también está consiguiendo importantes avances. Uno de los frutos de esta aplicación son los modernos **dispositivos de monitorización continua** de glucosa, que se comienzan a utilizar en enfermos crónicos de diabetes. Dichos aparatos, al interactuar con aplicaciones inteligentes, analizan tendencias y sugieren ajustes en el tratamiento en tiempo real. Esto alivia la carga de los pacientes de tener que controlar constantemente su glucemia y reduce el riesgo de complicaciones a largo plazo. La IA actúa como un asistente personal, proporcionando recomendaciones personalizadas basadas en el análisis constante de datos de salud. Hoy en día empresas como **Medtronic** están a la vanguardia con sus sistemas de IA de monitorización de glucosa. Estos dispositivos, como el sistema **Guardian Connect,** proporcionan monitoreo en tiempo real, envían los datos tanto al paciente como a su médico y, gracias a su implementación en una aplicación de un dispositivo portátil, pueden realizar alertas que evitan subidas o bajadas de los niveles de azúcar en sangre. Para los pacientes de diabetes, esta tecnología puede ser definitivamente una mejora en su calidad de vida extraordinaria. Veamos cómo funciona.

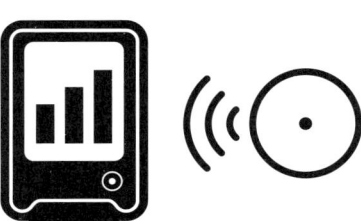

LA IA Y LA LUCHA CONTRA LA DIABETES.
¿Qué hace Guardian Connect?

1. Monitorización continua: proporciona mediciones en tiempo real del nivel de glucosa en sangre las 24 horas del día.

2. Alertas y notificaciones: envía alertas personalizables al usuario cuando los niveles de glucosa están demasiado altos o bajos.

3. Tendencias y patrones: ayuda a comprender mejor cómo diversos factores como la dieta, la actividad física y los medicamentos afectan a su glucosa.

¿Cómo funciona?

1. Sensor y transmisor: un pequeño sensor que se inserta bajo la piel, generalmente en el abdomen o en el brazo. Este sensor mide el nivel de glucosa en el líquido intersticial y transmite los datos a un transmisor.

2. Transmisión de datos: El transmisor envía la información al teléfono o tableta del paciente.

3. Aplicación móvil: la aplicación muestra los niveles actuales de glucosa, así como un historial de lecturas. También permite al usuario configurar alertas para niveles altos o bajos de glucosa.

LA IA Y LOS PROFESIONALES DE LA SALUD

La integración de la inteligencia artificial en el ámbito de la salud ha abierto un nuevo horizonte de posibilidades para los profesionales de la salud. Esta tecnología emergente no solo está revolucionando la forma en que se practica la medicina; igualmente, está redefiniendo los límites de lo que es posible en términos de diagnóstico, tratamiento y cuidado del paciente. La IA se está convirtiendo en un instrumento esencial en la caja de herramientas de médicos, enfermeras y otros profesionales de la salud, permitiéndoles brindar una atención más precisa y efectiva. Con el advenimiento de sistemas avanzados de aprendizaje automático y sus sofisticados algoritmos, los profesionales están encontrando nuevas formas de mejorar la calidad de la atención médica, desde la detección temprana de enfermedades hasta la personalización de los tratamientos para los pacientes.

La inteligencia artificial está marcando un antes y un después en el campo del **diagnóstico y tratamiento personalizado,** ofreciendo a los profesionales de la salud herramientas precisas y adaptadas a las necesidades de cada paciente.

En el diagnóstico, los algoritmos de IA ya se utilizan para analizar imágenes médicas con un grado de precisión nunca visto. Un ejemplo destacado es el desarrollo de **DeepMind de Google en la oftalmología.** Este sistema de IA es capaz de analizar imágenes de la retina para detectar signos tempranos de enfermedades como la retinopatía diabética y la degeneración macular relacionada con la edad, proporcionando diagnósticos que coinciden o incluso superan la precisión de los especialistas humanos. Esta capacidad no solo mejora el diagnóstico temprano de enfermedades oculares, sino que también permite intervenciones más rápidas y efectivas.

Otro avance significativo en el uso de la IA en el diagnóstico médico es el sistema **Watson for Oncology, de IBM.** Este sistema utiliza la IA para analizar la información del paciente y proporcionar recomendaciones de tratamiento personalizadas para el cáncer, basadas en una vasta base de datos de literatura médica y casos clínicos. La capacidad de Watson para procesar y sintetizar grandes cantidades de información compleja está ayudando a los oncólogos a tomar decisiones con respecto al tratamiento más informadas y personalizadas para sus pacientes.

En cuanto al tratamiento personalizado, la IA ha realizado avances significativos en la medicina de precisión. En el tratamiento de enfermedades genéticas, compañías como **23andMe y AncestryDNA** utilizan la IA para analizar datos genéticos y proporcionar información que permite desarrollar tratamientos más efectivos y personalizados para enfermedades hereditarias.

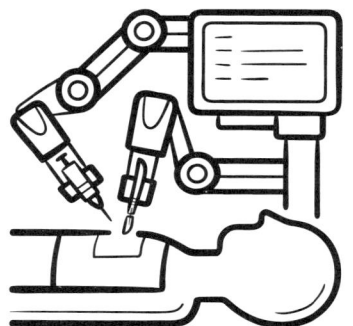

La robótica se introdujo en la medicina a finales del siglo xx, pero ahora, potenciada por la inteligencia artificial, está transformando **el campo de la cirugía,** brindando una **precisión, control y versatilidad** sin precedentes en procedimientos quirúrgicos. Esta innovación tecnológica no solo mejora los resultados de las intervenciones, sino que también minimiza los riesgos y acelera la recuperación de los pacientes. Uno de los hitos más reconocidos en la cirugía asistida por IA es el **sistema quirúrgico Da Vinci,** que utiliza un buen número de hospitales de todo el mundo. Este sistema permite a los cirujanos realizar operaciones complejas a través de incisiones muy pequeñas, con una precisión y un control superiores a los de la mano humana. La IA integrada en el Da Vinci proporciona a los cirujanos una visión tridimensional de alta definición del sitio quirúrgico y traduce sus movimientos de mano en movimientos más precisos de los instrumentos quirúrgicos. Este nivel de precisión es crucial, especialmente en cirugías delicadas como las urológicas, ginecológicas y cardíacas.

Otra área donde la robótica está marcando una diferencia significativa es en la **neurocirugía.** Sistemas como **ROSA** y **Neuromate** ayudan a los neurocirujanos a planificar y ejecutar intervenciones cerebrales con gran exactitud. Estos robots asisten en la colocación precisa de electrodos en el cerebro para el tratamiento de trastornos como la epilepsia, o en la realización de biopsias de tumores cerebrales con mínimo riesgo.

La **cirugía ortopédica** se ha transformado igualmente gracias a la robótica asistida por inteligencia artificial. El sistema llamado **Mako** permite a los cirujanos planificar y ejecutar reemplazos de rodilla y cadera con una precisión milimétrica, adaptando la cirugía a la anatomía única de cada paciente. Esto se traduce en una mejor colocación de las prótesis y, en última instancia, en mejores resultados y tiempos de recuperación más rápidos para los pacientes.

La precisión no es la única ventaja de las cirugías asistidas por IA. Estos sistemas también ofrecen ventajas como una menor pérdida de sangre, menos dolor **posoperatorio y tiempos de recuperación** más cortos. Esto no solo beneficia a los pacientes, sino que también contribuye a una mayor eficiencia hospitalaria, permitiendo una rotación más rápida de las camas y una reducción de los costos asociados a la atención postoperatoria.

La formación y la educación continua en el ámbito de la salud están experimentando una profunda transformación gracias a la integración de la inteligencia artificial. Esta tecnología no solo facilita el aprendizaje y la **actualización de conocimientos** para los profesionales de la salud, sino que, como se ha visto en el ámbito de la educación, también personaliza y enriquece la experiencia educativa, adaptándola a las necesidades y ritmos individuales de aprendizaje.

Una de las aplicaciones más impactantes de la IA en la educación médica es la **simulación virtual.** Plataformas como **Osso VR** y **Touch Surgery** ofrecen a los cirujanos y estudiantes de Medicina la oportunidad de practicar procedimientos quirúrgicos en un entorno virtual altamente realista. Estos simuladores proporcionan una retroalimentación instantánea, permitiendo a los usuarios perfeccionar sus habilidades  y aprender de sus errores en un entorno seguro y controlado. Esta tecnología resulta especialmente valiosa para entrenar en técnicas quirúrgicas avanzadas y procedimientos que requieren una alta precisión.

Otra área donde la IA está teniendo un impacto significativo es en el análisis y la actualización de la ingente cantidad de **literatura médica.** Con la constante evolución de los conocimientos médicos, plataformas impulsadas por IA como

PubMed y **UpToDate** ayudan a los profesionales de la salud a mantenerse al día con los últimos avances, investigaciones y protocolos de tratamiento. Estos sistemas pueden procesar y sintetizar rápidamente grandes volúmenes de publicaciones científicas, proporcionando a los usuarios acceso inmediato a la información más relevante y actualizada en su campo.

En conclusión, la integración de la IA en la formación y educación continua en salud está abriendo nuevas vías para el aprendizaje y la actualización profesional. Estos avances no solo mejoran la competencia y las habilidades de los profesionales de la salud; también aseguran que la atención médica que se proporciona esté basada en las prácticas y conocimientos más actuales, garantizando así una mejor atención para los pacientes.

CONVERSACIÓN ENTRE UN MÉDICO Y CHATGPT SOBRE EL TRATAMIENTO DE LA HIPERTENSIÓN.
- **MÉDICO:** Hola, ChatGPT, ¿cuáles son los tratamientos más recientes para la hipertensión?

- **CHATGPT:** Hola. En el tratamiento de la hipertensión, recientemente ha habido un enfoque en los inhibidores de la enzima convertidora de angiotensina (ECA) y los bloqueadores de los receptores de angiotensina II (BRA). Estos fármacos han demostrado ser efectivos en la reducción de la presión arterial y en la disminución del riesgo de eventos cardiovasculares.

- **MÉDICO:** ¿Hay alguna novedad en cuanto a efectos secundarios o indicaciones específicas?

- **CHATGPT:** Sí, aunque generalmente bien tolerados, los inhibidores de la ECA pueden causar tos en algunos pacientes, mientras que los BRA son una alternativa en estos casos. Además, ambos tipos de fármacos son particularmente efectivos en pacientes con diabetes tipo 2 para la protección renal.

- **MÉDICO:** ¿Podrías recomendarme alguna lectura reciente sobre estos fármacos?

- **CHATGPT:** Claro, un artículo reciente en *The Lancet* proporciona una comparación detallada de inhibidores de la ECA y BRA en el tratamiento de la hipertensión, destacando su eficacia y perfil de seguridad. Sería un buen recurso para comenzar.

- **MÉDICO:** Perfecto, lo buscaré. Gracias por tu ayuda.

- **CHATGPT:** De nada, ¡estoy aquí para ayudar en lo que necesites!

Dr. Garrigues. Medicina general. 58 años.

LAS INSTITUCIONES SANITARIAS Y LA IA

Las instituciones sanitarias están experimentando una significativa transformación gracias a la incorporación de la inteligencia artificial. Un cambio tan profundo que abarca desde la mejora en la eficiencia operativa hasta el avance en la calidad de la atención al paciente. La IA no solo está redefiniendo la manera en que se administran y operan los centros de salud, sino que también proporciona herramientas poderosas para el **análisis de datos,** el **diagnóstico** y la **gestión** del tratamiento. Esta innovación tecnológica promete un futuro en el que las instituciones sanitarias pueden ofrecer cuidados más personalizados y efectivos, al tiempo que optimizan sus recursos y procesos. La adopción de la IA en hospitales, clínicas y otros centros médicos ha abierto las puertas a una nueva era de medicina basada en datos, con un enfoque más preventivo y centrado en el paciente, lo que constituye un cambio fundamental en la prestación de servicios de salud.

La gestión de datos de salud constituye un área donde la inteligencia artificial está teniendo un impacto profundo en las instituciones sanitarias. La capacidad de la IA para procesar, analizar e interpretar grandes volúmenes de datos médicos ha revolucionado la manera en que se maneja la información en el ámbito de la salud. Esta tecnología no solo mejora la **eficiencia operativa,** sino que también potencia la toma de de-

cisiones clínicas basadas en evidencias. Los sistemas de IA aplicados a la gestión de datos de salud permiten a las instituciones **recopilar, almacenar y analizar información** de manera más efectiva. Desde historiales médicos electrónicos hasta resultados de pruebas de laboratorio y registros de imágenes médicas, la IA organiza y sintetiza estos datos, facilitando a los profesionales de la salud un acceso rápido y eficiente a la información crucial del paciente. Esta capacidad de gestión de datos es esencial para el diagnóstico preciso, la planificación del tratamiento y el seguimiento del paciente.

Asimismo, la integración de la IA en la gestión de datos de salud abre nuevas posibilidades en la **medicina personalizada.** Al analizar información de múltiples fuentes, incluyendo genómica y factores ambientales, la IA ayuda a desarrollar tratamientos y terapias que se adaptan específicamente al perfil único de cada paciente, mejorando así los resultados clínicos.

La IA también está catalizando cambios significativos en la **investigación y desarrollo de medicamentos y vacunas,** agilizando y haciendo más eficientes estos procesos esenciales. Esta tecnología abre nuevas posibilidades, desde la identificación de compuestos farmacológicos hasta la creación de vacunas, transformando fundamentalmente las prácticas tradicionales de la farmacéutica y la biomedicina.

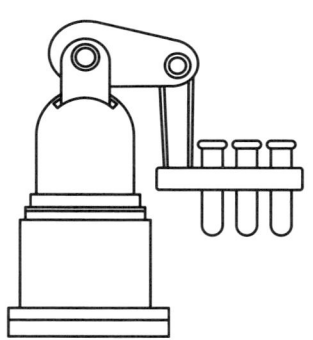

Una aplicación notable de la IA en este campo es su capacidad para filtrar y seleccionar moléculas con potencial terapéutico de vastas bases de datos químicas. Este análisis, que antes requería años de pruebas empíricas, se puede realizar ahora de manera más rápida y precisa. Por ejemplo, en la búsqueda de tratamientos para enfermedades complejas como el mal de **Alzheimer,** la IA analiza patrones y relaciones entre moléculas y síntomas de la enfermedad, identificando candidatos prometedores para pruebas más profundas. La empresa **Atonwise** utiliza hoy en día la IA para predecir la estructura que deben tener las moléculas de los nuevos medicamentos contra el **ébola** y la **esclerosis múltiple.**

En el campo de la **inmunología,** la inteligencia artificial tuvo un papel destacado en el desarrollo acelerado de vacunas contra la **COVID-19.** Sistemas basados en IA analizaron la estructura del virus **SARS-CoV-2,** contribuyendo al diseño de vacunas que inducen a una respuesta inmune efectiva. Gracias a esta colaboración y este enfoque, la empresa **Moderna Therapeutics** redujo drásticamente el tiempo habitual de desarrollo de vacunas, marcando un hito en la respuesta a emergencias sanitarias globales.

La IA también está mejorando la predicción de interacciones entre fármacos y organismos vivos, vital para anticipar efectos adversos y optimizar la eficacia de los tratamientos. Tal análisis predictivo es crucial para garantizar la seguridad en las primeras etapas de desarrollo de medicamentos, reduciendo los riesgos antes de las pruebas clínicas.

En el terreno de **la prevención y control de epidemias**, la inteligencia artificial está desempeñando un papel crucial, proporcionando herramientas avanzadas que ayudan a anticipar, monitorear y responder a brotes de enfermedades a nivel global. Una de las principales aplicaciones de la IA en este campo es la **vigilancia epidemiológica.** Sistemas basados en IA pueden rastrear y analizar datos provenientes de redes sociales, informes de noticias, registros de salud y otros ca-nales para identificar patrones que puedan indicar un brote emergente. Las plataformas **HealthMap y BlueDot** ya han demostrado su eficacia en la detección temprana de brotes, incluido el seguimiento inicial de la pandemia de COVID-19, permitiendo una respuesta más rápida y específica.

La IA también está facilitando la **modelización de la propagación de enfermedades.** Mediante algoritmos predictivos, puede estimar cómo se propagarán las enfermedades infecciosas bajo diferentes escenarios, ayudando a los responsables de la toma de decisiones a planificar intervenciones eficaces y a asignar recursos de manera óptima. Un ejemplo notable fue el uso de modelos de IA por parte de instituciones como el Imperial College London y la Universidad Johns Hopkins durante la pandemia de COVID-19, proporcionando predicciones valiosas sobre la propagación del virus.

En el área de la **comunicación durante emergencias sanitarias,** la IA facilita la diseminación de información precisa y actualizada. *Chatbots* y sistemas de IA en plataformas de medios sociales y sitios web de salud pueden proporcionar información esencial al público, responder preguntas y desmentir información errónea, lo cual es fundamental para manejar el pánico y fomentar prácticas de salud adecuadas durante una epidemia.

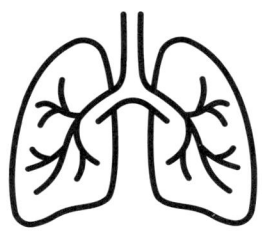

CONVERSACIÓN ENTRE UNA MADRE Y EL *CHATBOT* DEL HOSPITAL UNIVERSITARIO DE BOGOTÁ CREADO CON CHATGPT.
- **MADRE:** Hola, estoy preocupada porque mi hijo de 3 años tiene tos y dificultad para respirar. ¿Podría ser bronquiolitis?

- **CHATBOT:** Hola, entiendo tu preocupación. ¿Tu hijo ha estado en contacto con alguien con síntomas de resfriado recientemente?

- **MADRE:** Sí, su hermano mayor tuvo un resfriado la semana pasada.

- **CHATBOT:** Gracias por esa información. La bronquiolitis a menudo sigue a un resfriado y es causada por un virus. Es importante asegurarse de que tu hijo esté hidratado y descansando. Si los síntomas son leves, generalmente se puede cuidar en casa. Sin embargo, si notas que su respiración se vuelve más rápida o difícil, es importante buscar atención médica.

- **MADRE:** ¿Hay algo que pueda hacer en casa para ayudarl a mi hijo a sentirse mejor?

- **CHATBOT:** Sí, puedes asegurarte de que tu hijo tome suficientes líquidos para mantenerse hidratado. El aire húmedo también puede ayudar, así que podrías usar un humidificador en su habitación o llevarlo al baño con el vapor de una ducha caliente. Si tiene fiebre o parece incómodo, un medicamento para la fiebre como el paracetamol podría ayudar, pero es recomendable consultar con su pediatra antes de administrar cualquier medicamento.

- **MADRE:** ¿Cuándo debo llevarlo al médico?

- **CHATBOT:** Debes buscar atención médica si tu hijo muestra signos de dificultad respiratoria grave, como aleteo nasal, retracciones en las costillas al respirar, coloración azulada de la piel, letargo extremo, rechazo a beber líquidos, o si tiene una fiebre alta que no mejora. En caso de emergencia, debes acudir al hospital inmediatamente.

- **MADRE:** Muchas gracias por la ayuda.

- **CHATBOT:** De nada, siempre estamos aquí para ayudarte. Si tienes más preguntas o los síntomas de tu hijo empeoran, por favor, no dudes en buscar atención médica o contactar con nosotros nuevamente. Que tu hijo se mejore pronto.

La adopción de la inteligencia artificial en el ámbito de la salud, como se ha visto en estas líneas, está marcando un hito en la historia de la medicina por sus logros y promesas, pero también hay que poner el foco en los **desafíos éticos y regulatorios** que ya plantea en la actualidad, puesto que la adopción de la IA en hospitales, clínicas y otros centros médicos conlleva una serie de interrogantes y retos que deben abordarse con un enfoque multidisciplinario.

La misma **Organización Mundial de la Salud (OMS)** ha establecido **seis principios fundamentales** a observar con la IA en medicina, que son:

1. Proteger la autonomía.
2. Promover el bienestar y la seguridad de las personas y el interés público.
3. Garantizar la transparencia, la claridad y la inteligibilidad.

4. Promover la responsabilidad y la rendición de cuentas.

5. Garantizar la inclusividad y la equidad.

6. Promover una IA con capacidad de respuesta y sostenible.

Uno de los desafíos más notables es la ética en la **utilización de los datos** masivos. El tratamiento de información tan sensible como los registros médicos requiere un manejo que garantice la **privacidad** y **confidencialidad** de los pacientes. La inteligencia artificial se nutre de estos datos para su funcionamiento y mejora, y naturalmente debe operar dentro de un marco que respete estos principios. A su vez, surge la cuestión de cómo y quién utiliza estos datos y con qué fin, una reflexión que va más allá del ámbito tecnológico y entra en el terreno de la ética y la moral. Las legislaciones deben ir adaptándose para dar solución a este tipo de cuestiones.

En paralelo a estas preocupaciones surgen también interrogantes acerca de la seguridad y fiabilidad de los sistemas basados en IA. La **transparencia** en los algoritmos y que se encuentren **libres de sesgos** son aspectos fundamentales para garantizar una **atención médica equitativa y justa.** Esta preocupación se acentúa en el uso de la IA para el diagnóstico y tratamiento, donde una decisión errónea puede tener consecuencias significativas. La verificación y la validación rigurosas son esenciales para asegurar que la IA actúe de manera predecible y segura, por eso muchos creen que siempre debería haber detrás un ser humano.

Dado que la IA en medicina no es nada sin datos, estos se convierten en un tesoro que todos quieren poseer y no siempre intentarán obtenerlos de un modo ético. Urge que las administraciones elaboren un marco legal en cuanto al acesso a los datos porque si cayeran en las manos equivocadas podría lesionar gravemente los **derechos de los pacientes.** Una vía posible sería **anonimizar** los datos; es decir, separar el dato médico de la identidad del paciente.

En el ámbito regulatorio, la rápida evolución de la IA plantea desafíos significativos en cuanto al **consentimiento informado** y la autonomía del paciente.

En una era donde la tecnología juega un papel cada vez mayor en la toma de decisiones médicas, es fundamental que los pacientes comprendan cómo se utiliza la IA en su atención y participen activamente en ese proceso, tengan la edad que tengan.

Mirando hacia el futuro, es evidente que la evolución de la IA en la salud debe ser ética y responsable. Este desarrollo requiere una colaboración estrecha entre técnicos, investigadores, profesionales de la salud, pacientes, reguladores y legisladores. La investigación continua y el diálogo son fundamentales para explorar cómo se puede utilizar la IA de manera **ética y efectiva,** anticipando y abordando las cuestiones emergentes que esta tecnología pueda plantear.

LA IA EN FINANZAS
Y BANCA

En la era digital la inteligencia artificial se ha convertido en una fuerza transformadora en el sector financiero y bancario. Desde hace tiempo la IA está remodelando las experiencias y operaciones tanto para clientes como para las entidades financieras.

Desde ofrecer una atención al cliente más personalizada y eficiente hasta revolucionar la gestión de riesgos y el análisis de crédito, la IA está redefiniendo las normas del juego en el mundo de las finanzas. Para los clientes, la IA significa una mayor **comodidad, seguridad mejorada** y servicios personalizados. Los avances en IA están llevando a una nueva era de **asesoramiento financiero automatizado** y gestión de inversiones, donde cada interacción se adapta a las necesidades y preferencias individuales. Al mismo tiempo, la seguridad y la protección contra fraudes se han fortalecido gracias a la capacidad de la IA para detectar patrones anómalos en tiempo real.

Para las entidades financieras la IA no es solo una herramienta para mejorar la eficiencia operativa, sino también un catalizador para la innovación. La automatización de procesos, la gestión avanzada de riesgos y el desarrollo de nuevos productos financieros son solo algunos de los aspectos en los que la IA está dejando su huella. Sin embargo, junto con estas oportunidades, surgen desafíos significativos, especialmente en términos de **capacitación del personal** en el manejo de estas nuevas tecnologías y en la posible **brecha digital** que se abra con aquellos que prefieran una banca más tradicional y menos tecnológica.

CLIENTES: ACCESO GLOBAL A UNA BANCA CADA VEZ MÁS PERSONALIZADA

La preferencia por los canales digitales representa una transformación significativa en el sector bancario y financiero. Esta tendencia creciente evidencia un cambio profundo en los hábitos de los consumidores, quienes cada vez más optan por **soluciones digitales** en detrimento de los métodos de contacto tradicionales como las visitas a sucursales físicas o las llamadas telefónicas.

Esta inclinación hacia lo digital no es simplemente una cuestión de comodidad; refleja un cambio más amplio en las expectativas y comportamientos de los consumidores. En la era actual, marcada por la **inmediatez** y la **accesibilidad**, los usuarios buscan servicios que les permitan gestionar sus finanzas de manera rápida, segura y eficiente. La **banca en línea** y las **aplicaciones móviles** se han convertido en herramientas esenciales, ofreciendo una gama de servicios que incluyen desde consultas de saldo y transferencias hasta inversiones y gestión de préstamos.

Este cambio hacia lo digital también está teniendo un impacto directo en la **infraestructura física de los bancos.** Con una demanda cada vez menor de servicios en sucursales, muchas instituciones financieras están cerrando sus oficinas físicas o redefiniendo su papel, lo que lleva a un enfoque más fuerte en el fortalecimiento de su presencia y capacidades digitales. La «madurez digital» de un banco se está convirtiendo en un factor crucial para mantener su relevancia y competitividad en el mercado.

La banca orientada a la experiencia del cliente se ha convertido en un enfoque central en el sector financiero, reflejando una transición hacia servicios que no solo satisfacen las necesidades financieras básicas, sino que también proporcionan una experiencia enriquecedora y personalizada. Esta orientación implica un profundo entendimiento de las expectativas y preferencias del cliente, y el uso de la tecnología, especialmente de la inteligencia artificial, para mejorar cada punto de contacto con el cliente.

Uno de los ejemplos más destacados de esta orientación es el uso de **asistentes virtuales** y ***chatbots*** basados en IA. Estas herramientas utilizan el procesamiento del lenguaje natural para ofrecer a los clientes una interacción fluida y natural, capaz de responder preguntas frecuentes, guiar en la navegación de servicios en línea y ofrecer asistencia en tiempo real. Por ejemplo, el *chatbot* de un banco puede ayudar a un cliente a navegar por las opciones de una cuenta de ahorros, explicar las características de un producto de inversión o incluso asistir en el proceso de solicitud de un préstamo.

Otra implementación práctica se observa en la **personalización de servicios.** Utilizando algoritmos avanzados y análisis de datos, los bancos pueden ahora ofrecer productos y servicios personalizados que se ajustan a las necesidades y comportamientos específicos de cada cliente. Por ejemplo, un cliente que frecuentemente realiza transacciones internacionales podría recibir recomendaciones automatizadas para productos de cambio de divisas o servicios de transferencia de dinero con tarifas preferenciales.

La **banca móvil** ha sido un terreno fértil para mejorar la experiencia del cliente. Las aplicaciones bancarias móviles no solo proporcionan la conveniencia de realizar transacciones financieras en cualquier lugar y momento; igualmente, incorporan características como la **biometría** para una autenticación segura y fácil, notificaciones personalizadas sobre actividad de la cuenta y herramientas integradas de gestión financiera que ayudan a los clientes a monitorear sus gastos y ahorros.

La banca también está incorporando la **realidad virtual (RV)** y la **realidad aumentada** para mejorar la experiencia del cliente. Por ejemplo, algunas instituciones han comenzado a usar RV para simular escenarios financieros, permitiendo a los clientes visualizar sus inversiones o entender mejor los productos hipotecarios a través de experiencias inmersivas.

La evolución de **las herramientas de gestión de gasto** en el ámbito financiero personal es un claro ejemplo de cómo la inteligencia artificial y la tecnología están redefiniendo las estrategias para el manejo más eficiente de las finanzas personales. Estas herramientas, cada vez más sofisticadas y personalizadas, no se limitan a proporcionar un simple registro de ingresos y gastos, sino que ofrecen un análisis profundo y recomendaciones personalizadas, transformando así la manera en que los individuos interactúan con sus finanzas, incluso aunque no tengan conocimientos económicos previos.

El núcleo de esta transformación radica en la personalización. Las herramientas modernas de gestión de gasto, gracias a la implementación de algoritmos avanzados, son capaces de analizar detalladamente los **patrones de gasto de los usuarios** y ofrecer recomendaciones que se ajustan a sus hábitos y necesidades específicas. La incorporación de la inteligencia artificial lleva la gestión de gasto a un nuevo nivel. Mediante el aprendizaje automático, estas herramientas se vuelven más precisas y efectivas en sus **predicciones y consejos** a medida que acumulan más datos sobre los hábitos de gasto del usuario. Un claro ejemplo de esto es la capacidad de identificar suscripciones poco utilizadas o gastos recurrentes en que el usuario podría no estar consciente de estar incurriendo.

Además, estas herramientas están cada vez más integradas con otros servicios financieros. Pueden conectarse con cuentas bancarias y tarjetas de crédito del usuario, ofreciendo una vista integral y actualizada de su situación financiera. Esta integración facilita un seguimiento exhaustivo de los ingresos, gastos, ahorros e inversiones, todo en un solo lugar.

Una herramienta destacada para la gestión de gastos personales con recomendaciones personalizadas es la **aplicación Mint.** Esta aplicación gratuita ayuda a los usuarios a rastrear sus gastos, elaborar presupuestos, ahorrar dinero y mucho más. Mint es parte de Intuit, la misma compañía detrás de Quicken, un *software* de contabilidad popular, y TurboTax, un *software* de impuestos. La aplicación Mint se caracteriza por su capacidad para integrar y analizar información financiera de diversas fuentes, ofreciendo a los usuarios una visión completa y detallada de su situación financiera, junto con recomendaciones personalizadas para mejorar su gestión de gasto.

Mirando hacia el futuro, es probable que estas herramientas de gestión de gasto evolucionen hacia sistemas aún más personalizados y proactivos. La convergencia de la inteligencia artificial, el análisis de datos y la tecnología financiera podrían resultar en sistemas que no solo ofrezcan recomendaciones para reducir gastos, sino también consejos para optimizar **la salud financiera** a largo plazo del usuario. Esto podría incluir sugerencias automatizadas para ajustar las contribuciones a planes de pensiones o para adaptar la cartera de inversiones en respuesta a cambios en el mercado financiero.

Otra innovación es el uso de ***chatbots* financieros,** capaces de responder preguntas específicas sobre gastos y ofrecer consejos en tiempo real. Estos *chatbots* pueden proporcionar, por ejemplo, información detallada acerca del gasto mensual en restaurantes y sugerir maneras de reducirlo si se detecta una tendencia al alza.

CONVERSACIÓN CON ASISTENTE VIRTUAL FINANCIERO CON TECNOLOGÍA IA.
- **CLIENTE:** Hola, ¿puedes mostrarme cuánto he gastado en mi servicio de internet en casa este año?

- **ASISTENTE VIRTUAL:** ¡Por supuesto! Durante este año, has gastado un total de 600 euros en tu servicio de internet en casa.

- **CLIENTE:** Eso parece bastante. ¿Puedes ayudarme a encontrar ofertas que podrían reducir este gasto?

- **ASISTENTE VIRTUAL:** Claro, puedo ayudarte con eso. He encontrado varias opciones. Una de ellas es un nuevo proveedor que ofrece un plan de fibra óptica con velocidades más altas a 45 euros por mes, lo que te permitiría ahorrar 120 euros al año comparado con tu plan actual. Además, este proveedor está ofreciendo una promoción de instalación gratuita y el primer mes sin costo para nuevos clientes.

- **CLIENTE:** Eso suena genial. ¿Puedes darme más detalles?

- **ASISTENTE VIRTUAL:** Por supuesto. El nuevo proveedor tiene una calificación de satisfacción del cliente de 4,5/5 y ofrece un servicio de atención al cliente 24/7. La oferta incluye una velocidad de internet de 100 Mbps, lo cual es un 20 % más rápido que tu plan actual. Además, si decides cambiarte, el proveedor se encarga de todo el proceso de transición, asegurando que no haya interrupciones en tu servicio.

ENTIDADES FINANCIERAS: LA IA Y LA BANCA DEL FUTURO

En el vertiginoso mundo de las finanzas y la banca moderna, la inteligencia artificial ya se ha convertido en un aliado que está redefiniendo la forma en que estas instituciones operan y brindan servicios. La aplicación de la IA en el ámbito financiero está impulsando la **automatización de procesos,** mejorando la toma de decisiones, personalizando la experiencia del cliente y fortaleciendo la seguridad en un entorno altamente dinámico.

Desde la automatización de tareas rutinarias hasta la predicción de tendencias de mercado y la prevención del fraude, la IA ha catalizado una transformación profunda que redefine el panorama financiero, habiendo llegado ya a una intersección entre la tecnología de vanguardia y el mundo del dinero.

Los principales bancos del mundo ya tienen en marcha programas concretos de IA que afectan a la mayor parte de sus tareas diarias. Sumergiéndonos en el intrigante mundo de la automatización para ganar eficiencia en las entidades financieras, la inteligencia artificial se convierte en la directora de una sinfonía digital.

En el escenario financiero, la automatización se manifiesta como el batallón digital que redefine los límites de la eficiencia. Grandes instituciones financieras como JPMorgan Chase han implementado programas de **automatización robótica de procesos (RPA,** por sus siglas en inglés) para ejecutar tareas operativas de manera rápida y sin errores. Estos robots digitales se encargan de procesos manuales repetitivos, liberando recursos humanos para actividades más estratégicas.

En el ámbito de la banca minorista, Santander ha sido pionero al adoptar **asistentes virtuales** impulsados por inteligencia artificial. Estos asistentes, como Ana en España, guían a los clientes a través de procesos como la apertura de cuentas y la solicitud de préstamos. Esta automatización no solo mejora la experiencia del cliente, como se ha visto en el apartado anterior, sino que también reduce los tiempos de espera y los costes operativos de la propia entidad.

En el terreno de **la seguridad financiera,** la inteligencia artificial se erige ya como el guardián digital de los activos y la confianza en las entidades bancarias y los clientes. En la vanguardia de esta batalla contra las amenazas cibernéticas, Bank of America ha desplegado un arsenal de sistemas avanzados de **detección de fraudes,** cuya columna vertebral es la inteligencia artificial. Estos sistemas, alimentados por algoritmos de aprendizaje

automático, son capaces de analizar en tiempo real patrones de comportamiento del usuario y transacciones que tienen como resultado una respuesta proactiva ante posibles actividades fraudulentas. De esta forma, en un escenario en el que un cliente realiza una transacción que difiere significativamente de su comportamiento financiero habitual, la inteligencia artificial detecta esta anomalía y desencadena una alerta instantánea. El banco, gracias a la automatización de este proceso, puede intervenir rápidamente, bloquear la transacción sospechosa y notificar al cliente, todo antes de que este se dé cuenta. Este **enfoque preventivo** no solo protege los fondos del cliente, sino que también preserva la integridad de la institución financiera.

Pero la seguridad financiera va más allá de la detección de fraudes. En el corazón de esta defensa digital se encuentran los **sistemas avanzados de cifrado.** Citibank ha implementado tecnologías de cifrado potenciadas por inteligencia artificial para salvaguardar la privacidad y la confidencialidad de la información del cliente durante las transacciones en línea.

IA Y DETECCIÓN DE FRAUDES: EL CASO HSBC

1. Monitoreo continuo: la IA de HSBC supervisa constantemente las transacciones y el comportamiento financiero de los clientes para detectar patrones normales de actividad.

2. Detección de anomalías: cuando la IA identifica una transacción que difiere significativamente de los patrones habituales del cliente (como un cargo realizado en una localidad alejada de las últimas transacciones), se marca como sospechosa.

3. Alerta instantánea: inmediatamente después de detectar una actividad inusual, el sistema genera una alerta tanto para el banco como para el cliente. Esto permite una reacción rápida ante posibles fraudes.

4. Proceso de verificación: tras la alerta, se inicia un proceso de verificación donde el cliente tiene la oportunidad de confirmar o negar la legitimidad de la transacción.

5. Acción preventiva: si el cliente niega la transacción o no responde, HSBC toma medidas preventivas. Esto puede incluir bloquear la transacción o congelar la cuenta para evitar el fraude.

6. Resolución y continuidad: si el cliente confirma que la transacción es legítima, se resuelve el malentendido y el servicio continúa sin interrupciones. En caso contrario, si se confirma el fraude, se toman las medidas necesarias para proteger los activos del cliente y se investiga el incidente.

Uno de los pilares de la banca comercial actual es el desarrollo estratégico para **la inversión y la gestión de carteras.** Gracias a la inteligencia artificial, las complicadas decisiones, basadas en el concienzudo análisis de una ingente cantidad de datos, se convierten en procesos automatizados y mucho más rápidos que aportan la capacidad de un estratega digital que transforma la toma de decisiones financieras. El gigante Goldman Sachs es una de las instituciones que ha abrazado con mayor fervor la inteligencia artificial para potenciar sus operaciones de inversión. Esta entidad ha colocado a los **algoritmos de aprendizaje auto-**

mático como los protagonistas de su proceso de toma de decisiones, analizando datos del mercado en tiempo real y anticipando tendencias con una precisión sin precedentes.

Un ejemplo concreto de esta revolución estratégica es la aplicación de la inteligencia artificial en la gestión de riesgos. BlackRock, uno de los gigantes de la gestión de inversiones, ha implementado algoritmos avanzados para evaluar y mitigar riesgos de manera proactiva. Estos algoritmos analizan constantemente los datos del mercado, identificando posibles amenazas y ajustando las carteras de inversión en consecuencia. Así, si se da un cambio repentino en las condiciones del mercado, se disparan las alertas de riesgo. La inteligencia artificial, al evaluar instantáneamente la situación y prever las posibles implicaciones, permite a BlackRock ajustar sus estrategias antes de que los riesgos se materialicen. Esta **capacidad predictiva** no solo protege las inversiones, sino que también sitúa a la institución en una posición más sólida para capitalizar oportunidades emergentes.

Las aplicaciones actuales de la IA en el entorno financiero están teniendo gran éxito a la hora de ofrecer su análisis para generar estrategias personalizadas de inversión. Vanguard, la conocida firma de gestión de inversiones, ha implementado asesores virtuales impulsados por inteligencia artificial que analizan el perfil y los objetivos de los inversores para ofrecer **recomendaciones personalizadas.** Esta aplicación no solo mejora la experiencia del cliente, sino que también optimiza los rendimientos de las carteras de inversión.

APLICACIONES EN MOVILIDAD Y TRANSPORTE

La evolución de la inteligencia artificial ha desencadenado una transformación sin precedentes en el ámbito de la movilidad y el transporte. Este cambio no es solo una cuestión de tecnología avanzada; también representa un salto cualitativo hacia **un futuro más conectado, eficiente y seguro.**

El desarrollo de la IA en este sector no es reciente. Se remonta a las primeras décadas de la informática, cuando los conceptos de máquinas inteligentes y vehículos autónomos eran considerados meras fantasías de ciencia ficción. Pero con el paso de los años, estos conceptos se han ido materializando gracias a avances significativos en el **aprendizaje automático,** el procesamiento de datos a gran escala y la mejora en sensores y *hardware*.

Hoy, la IA no solo impulsa coches que se conducen solos, sino que también está redefiniendo el diseño y la gestión de **sistemas de transporte inteligentes,** optimizando rutas **logísticas,** mejorando la **seguridad vial** y contribuyendo a prácticas de transporte **más sostenibles.** La capacidad crucial de la IA para procesar y analizar enormes cantidades de datos en tiempo real ha sido fundamental en este proceso. Ello permite que los sistemas de transporte puedan adaptarse dinámicamente a las **condiciones cambiantes** del tráfico, o que los vehículos autónomos puedan tomar decisiones seguras y eficientes en milésimas de segundo.

El impacto de la IA en la movilidad y el transporte va más allá de la mera automatización. Está transformando cómo se concibe el desplazamiento de personas y bienes, haciendo que sea más accesible, personalizable y, sobre todo, más seguro.

LOS COCHES AUTÓNOMOS: LA CIENCIA FICCIÓN CONVERTIDA EN REALIDAD

En el fascinante panorama de la movilidad moderna, los coches autónomos emergen como una de las aplicaciones más prometedoras y desafiantes de la inteligencia artificial. Estos vehículos, que alguna vez habitaron exclusivamente en el reino de la ciencia ficción, ahora están avanzando hacia una realidad palpable, marcando el comienzo de una era en la que la conducción ya no dependerá exclusivamente de la **intervención humana.**

En este campo hay incontables empresas dedicadas a la innovación y a la resolución de los grandes desafíos que la conducción autónoma presenta, pero solo dos, **Tesla y Waymo,** están liderando, por el momento, esta carrera desde un punto de vista práctico e integral. Tesla, liderada por Elon Musk, ha sido una figura central en este desarrollo. Su **sistema Autopilot,** que integra una gama de cámaras, sensores ultrasónicos y radar, ha ofrecido al mundo un referente presente y futuro de lo que la tecnología puede hacer. Aunque originalmente fue concebido como un sistema de asistencia al conductor, el objetivo a largo plazo de Tesla ha sido siempre alcanzar una **autonomía total.** Sin embargo, no ha estado exento de desafíos, especialmente en lo que respecta a la seguridad y las limitaciones tecnológicas, aspectos que han moderado las expectativas hacia una autonomía completa en el corto plazo.

Waymo es el otro actor dominante en este terreno. Comenzó como un proyecto de Google, si bien ha adoptado un enfoque diferente con el paso del tiempo. Desarrollando su propio prototipo de vehículo autónomo desde cero, Waymo ha logrado implementar un servicio de **taxi autónomo** en áreas seleccionadas. Este logro no solo demuestra la viabilidad de su tecnología en entornos urbanos reales, sino que también establece un precedente importante para el futuro del transporte autónomo.

El nivel de autonomía de los coches se clasifica **del 0 al 5,** los cuales describen la progresión desde la total ausencia de automatización hasta la independencia completa del conductor. En los **niveles 0-2** se encuentran sistemas que van desde ninguna asistencia hasta funciones de automatización parcial, donde el conductor aún mantiene el control principal del vehículo. El **nivel 3** representa una automatización condicional, donde el vehículo puede manejar ciertas tareas, pero el conductor debe estar listo para intervenir. Los **niveles 4 y 5,** por otro lado, se refieren a la alta y la completa automatización, respectivamente, en que el vehículo opera de forma independiente en todas las condiciones sin necesidad de intervención humana.

El progreso hacia el nivel 5 de autonomía representa un desafío técnico significativo. Los sistemas actuales, aunque avanzados, aún requieren supervisión humana y se ven limitados por factores como las condiciones de la carretera y el clima. Además, la integración de estos vehículos en la infraestructura urbana existente implica no solo avances tecnológicos, sino también **cambios en las legislaciones de tráfico y en el diseño urbano.**

La **seguridad** es otro aspecto crítico. Los incidentes que han involucrado vehículos autónomos han planteado preguntas a propósito de su fiabilidad y la capacidad de los sistemas de IA para interpretar situaciones complejas de manera efectiva. Un reto adicional es la interacción entre vehículos autónomos y aquellos conducidos por humanos que presenta un conjunto adicional de desafíos entre los que se incluyen las responsabilidades legales asociadas a los posibles accidentes.

• •

¿QUÉ HACEN HOY LOS COCHES DE TESLA?

1. **Aparcamiento robotizado:** son capaces de detectar espacios libres y estacionar por sí mismos, tanto en paralelo como en batería, utilizando sus sensores y cámaras.

2. Control de crucero adaptativo: esta función ajusta automáticamente la velocidad del vehículo para mantener una distancia segura con respecto al tráfico adelante, adaptándose a las condiciones cambiantes del tráfico.

3. Asistencia de cambio de carril: pueden cambiar de carril automáticamente en autopistas cuando se activa el intermitente, después de verificar que el carril esté despejado.

4. *Summon* (convocatoria): permite que el vehículo se desplace hacia adelante o hacia atrás para encontrarse con el conductor o entrar y salir de espacios de estacionamiento estrechos, controlado a través de una aplicación móvil.

5. Frenado de emergencia automático: detecta objetos potencialmente peligrosos en la carretera y aplica los frenos automáticamente para prevenir o mitigar colisiones.

6. Reconocimiento de señales de tráfico y semáforos: son capaces de distinguir y responder a señales de tráfico y semáforos, ajustando su velocidad y comportamiento de conducción en consecuencia.

SISTEMAS DE TRANSPORTE INTELIGENTE: LA GESTIÓN DE UNA CIUDAD EFICIENTE

En el ámbito de los sistemas de transporte, la inteligencia artificial ya está presente tanto en la gestión del tráfico y la optimización de rutas como en la optimización del transporte público. Esta simbiosis está dando lugar a una sustancial mejora del funcionamiento de las redes privadas y públicas de transporte en muchas urbes alrededor del planeta.

La gestión del tráfico mediante inteligencia artificial representa un cambio fundamental en la forma en que se aborda la movilidad urbana. La IA aplicada a este campo no es simplemente una herramienta adicional, sino un cambio de paradigma que ofrece soluciones innovadoras a problemas antiguos y persistentes en la gestión del tráfico de las ciudades. Este arduo trabajo tienes varias fases y comienza con la integración y análisis de una cantidad masiva de datos en tiempo real. Las ciudades modernas están cada vez más equipadas con una red extensa de cámaras, sensores y dispositivos IoT (el llamado Internet de las cosas), que generan datos continuos sobre el flujo del tráfico, densidad de vehículos, patrones de desplazamiento y mucho más. Los sistemas de IA recopilan y procesan estos datos para obtener una visión integral del **estado del tráfico en tiempo real.** En ciudades como Copenhague y Barcelona han implementado redes de sensores inteligentes que recogen información acerca del flujo de tráfico, que luego son analizados por algoritmos de IA para identificar tendencias, prever congestiones y sugerir ajustes en los semáforos y señalizaciones.

Una de las aplicaciones más directas de la IA en la gestión del tráfico es la **optimización dinámica de semáforos.** Los sistemas tradicionales operan en ciclos fijos o se basan en temporizadores programados que no responden a las condiciones cambiantes del tráfico. Pero la IA puede ajustar los semáforos en tiempo real, respondiendo a las variaciones en el flujo del tráfico. Esto no solo reduce la congestión, sino que también puede disminuir la incidencia de accidentes y mejorar la calidad del aire al reducir el tiempo que los vehículos pasan al ralentí. En ciudades como Pittsburgh, en los Estados Unidos, se han implementado sistemas de IA para controlar los semáforos que han conseguido una disminución significativa de los tiempos de viaje.

La detección y respuesta rápida a incidentes es otro campo donde la IA está marcando una gran diferencia. Mediante el análisis de imágenes de cámaras de tráfico y otros sensores, los sistemas de IA pueden identificar rápidamente accidentes, vehículos averiados, o incluso peatones en situaciones de riesgo. Ello permite una respuesta más rápida de los servicios de emergencia, minimizando el impacto en el tráfico y aumentando la seguridad general de las vías. En Singapur se utilizan sistemas avanzados de IA para monitorear las carreteras en busca de posibles accidentes, permitiendo una gestión más eficiente de los recursos de emergencia y una rápida resolución de los problemas de tráfico.

La capacidad predictiva constituye uno de los aspectos más revolucionarios de la IA en la gestión del tráfico. Utilizando modelos avanzados y el análisis de grandes cantidades de datos históricos y en tiempo real, los sistemas de IA pueden prever dónde y cuándo es probable que ocurran congestiones. Esto permite a las autoridades de tráfico tomar medidas preventivas, como ajustar los patrones de señalización o proporcionar información en tiempo real a los conductores para que eviten áreas problemáticas. En ciudades como Tokio y Los Ángeles, donde la congestión es un problema crónico, la implementación de sistemas predictivos basados en IA ha mejorado significativamente la fluidez del tráfico, especialmente durante las horas punta.

En el ámbito del **transporte público,** la utilización de aplicaciones de inteligencia artificial está teniendo un enorme impacto en la experiencia del usuario. Ciudades como Helsinki, Tokio y Londres ha apostado por estos sistemas consiguiendo resultados asombrosos.

En Helsinki, la innovación se materializa a través de **FöliBot,** un *chatbot* inteligente introducido en 2019. Este sistema, fundamentado en algoritmos de aprendizaje automático, asiste a los usuarios en la planificación de sus rutas de transporte público. FöliBot interactúa con los pasajeros a través de una interfaz de mensajería, ofreciendo sugerencias de rutas óptimas en tiempo real. La capacidad de adaptarse a las condiciones del tráfico y los horarios en constante cambio ha mejorado la experiencia de los usuarios notablemente, reduciendo el tiempo medio de planificación de viajes en un 30 %. Esta herramienta no solo ha facilitado una movilidad más fluida y eficiente, sino que igualmente ha establecido un nuevo estándar en la **interacción usuario-sistema** en el ámbito del transporte público.

FÖLIBOT EL GUÍA DEL TRASPORTE PÚBLICO DE HELSINKI.

- **USUARIO:** Hola, FöliBot, necesito llegar a la Estación Central de Helsinki desde Lauttasaari.

- **FÖLIBOT:** ¡Hola! Puedo ayudarte con eso. ¿A qué hora planeas salir?

- **USUARIO:** Alrededor de las 15:00.

- **FÖLIBOT:** Perfecto. Tienes varias opciones. La más rápida sería tomar el autobús número 21 desde Lauttasaarentie a Kamppi, y luego cambiar al metro en dirección a Itäkeskus, bajando en la Estación Central. Este viaje te tomará aproximadamente 28 minutos.

- **USUARIO:** ¿Hay alguna ruta que no requiera cambios?

- **FÖLIBOT:** Claro, puedes tomar el autobús número 65A directamente a la Estación Central desde Heikkiläntie. Este viaje es un poco más largo, alrededor de 40 minutos, pero no requiere cambios.

- **USUARIO:** Prefiero la segunda opción. ¿Cuándo sale el próximo autobús?

- **FÖLIBOT:** El próximo autobús 65A desde Heikkiläntie sale a las 15:05.

- **USUARIO:** Genial, gracias, FöliBot.

- **FÖLIBOT:** De nada. ¡Que tengas un buen viaje! Si necesitas más información o quieres explorar otras rutas, no dudes en preguntarme.

La megalópolis de Tokio lleva años enfrentando los desafíos de su densa población y su extenso sistema de metro. Para intentar mejorar esta situación ha adoptado sistemas de IA para gestionar de manera eficaz las multitudes en sus estaciones. Implementado desde 2020, este sistema utiliza **análisis de vídeo** y **reconocimiento de patrones** para monitorizar el **flujo de pasajeros.** Las cámaras, equipadas con *software* de IA, analizan los patrones de movimiento en tiempo real, identificando áreas de alta densidad y posibles puntos de congestión antes de que se conviertan en un problema. Esta tecnología ha permitido una distribución más eficiente de los pasajeros, reduciendo el tiempo de embarque en un 25 % y mejorando la seguridad y comodidad en las estaciones y trenes.

El **sistema Oyster** es la tarjeta inteligente para el pago de viajes en el transporte público de Londres que tiene varias décadas de vida. En la actualidad ha evolucionado para incorporar un enfoque dinámico y adaptable en la tarificación gracias a la integración de algoritmos avanzados de IA. Este sistema analiza los patrones de viaje de los usuarios, recogiendo datos en tiempo real y combinándolos con el historial de viajes previos de cada usuario. A través de este análisis, la IA logra identificar las rutas más utilizadas, las horas pico y las preferencias individuales de movilidad.

La clave del sistema londinense radica en su capacidad para ajustar las tarifas de manera automática y personalizada. En lugar de aplicar una tarifa estática o uniforme para todos los usuarios, el sistema evalúa individualmente los viajes realizados por cada usuario a lo largo del día: si un pasajero realiza varios viajes en un día, el sistema calcula automáticamente la **tarifa más económica** para el conjunto de esos viajes, asegurando que el usuario no pague de más. Este cálculo se realiza al final del día, teniendo en cuenta todos los viajes realizados y aplicando la tarifa más favorable dentro de las normativas de precios del sistema de transporte. Además de proporcionar un beneficio económico a los usuarios, este sistema de tarificación dinámica ayuda a desincentivar los viajes durante las horas punta, alentando a los pasajeros a viajar en horarios menos congestionados para aprovechar tarifas más bajas. Esto no solo resulta en un ahorro económico para los usuarios, sino que también contribuye a una distribución más equilibrada de la demanda de transporte a lo largo del día, reduciendo la congestión y mejorando la experiencia general del usuario.

LOGÍSTICA Y CADENAS DE SUMINISTROS: LA MANO MÁGICA DETRÁS DE LA ENTREGA PERFECTA

La integración de la IA en la cadena de suministro ha permitido a las empresas mejorar significativamente su eficiencia operativa. **El caso Amazon** constituye uno de los ejemplos que mejor muestra cómo algunas compañías llevan desde hace ya años poniendo la aplicación de la IA en el corazón de su estructura de gestión. Amazon se ha posicionado a la vanguardia en la implementación de inteligencia artificial para optimizar su operativa y mejorar la experiencia del cliente, logrando resultados notables tanto en la eficiencia como en el rendimiento económico. Amazon ha revolucionado su cadena de suministro utilizando algoritmos avanzados de aprendizaje automático, logrando **predecir la demanda de productos** con una precisión asombrosa. Esta predicción detallada ha permitido a la empresa reducir sus tiempos de entrega de manera significativa, ofreciendo a muchos clientes entregas en el mismo día o al día siguiente, lo que representa un gran avance respecto a los tiempos de entrega tradicionales.

En sus centros de distribución, Amazon ha integrado robots inteligentes para mover productos, lo que ha agilizado el **proceso de recogida y empaquetado.** Esta automatización ha reducido los gastos operativos en aproximadamente un 20 %, una cifra considerable, dada la magnitud de las operaciones totales de Amazon. El **sistema de recomendaciones** de la empresa, alimentado por IA, ha demostrado ser excepcionalmente efectivo, contribuyendo a que alrededor del 35 % de las compras en Amazon provengan de estas recomendaciones personalizadas.

En términos de **logística y entrega,** la IA ha sido fundamental para gestionar la creciente flota de vehículos de entrega de Amazon y optimizar sus rutas. Esta optimización ha permitido a la empresa manejar eficientemente las entregas rápidas, un componente clave de su servicio al cliente. La combinación de estos avances tecnológicos ha llevado a Amazon a establecer nuevos estándares en el comercio electrónico y la gestión de la cadena de suministro, demostrando el impacto transformador que la IA puede tener en la mejora de la eficiencia operativa y el aumento de la satisfacción del cliente.

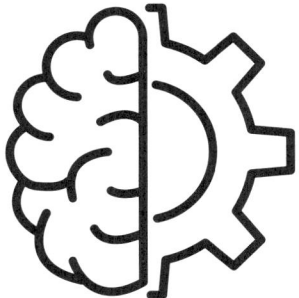

LA IA EN LAS ARTES

En el ámbito del arte, la música y la literatura, la inteligencia artificial ha inaugurado una nueva era de creatividad y exploración, derribando las barreras tradicionales entre tecnología y expresión artística. En el mundo del arte, algoritmos de IA capaces de aplicar técnicas de aprendizaje profundo y redes neuronales están creando piezas que imitan estilos de artistas famosos, e incluso desarrollando estilos completamente nuevos. Estas obras generadas por IA no solo desafían la tradicional comprensión de la creatividad, sino que también abren debates a propósito de la naturaleza de la **autoría** y la **originalidad** en el arte.

La capacidad de la IA para analizar y aprender de las vastas bases de datos de obras de arte existentes permite que estos sistemas generen composiciones visuales que son a la vez familiares y sorprendentemente novedosas.

En el mundo de **la música,** la IA está transformando la composición, producción y experiencia auditiva. Hoy en día ya se utilizan algoritmos avanzados para **componer** música que varía desde piezas clásicas hasta pop moderno, a menudo difuminando las líneas entre la música compuesta por humanos y máquinas. Estos sistemas pueden analizar patrones en música existente y generar composiciones nuevas que reflejan estilos o géneros específicos. La IA también está contribuyendo a la **personalización de la experiencia musical,** adaptando la selección de música a los gustos y estados de ánimo individuales de los oyentes, y creando así un paisaje sonoro personalizado para cada usuario. Estas innovaciones no solo representan un avance tecnológico, sino también un **cambio cultural** por el que la colaboración entre humanos y máquinas está dando lugar a nuevas formas de arte y música, redefiniendo los límites de la creatividad y ampliando el horizonte de lo que es posible en la expresión artística.

La creación de arte asistida por inteligencia artificial representa uno de los avances más fascinantes en la intersección de la tecnología y la creatividad humana. En este ámbito la **técnica de transferencia de estilo,** una de las aplicaciones más notables de la IA en el arte, demuestra la capacidad de estos sistemas para aprender y replicar estilos de artistas famosos. Investigadores de la Universidad de Tubinga, en Alemania, han creado un algoritmo que puede transformar fotografías ordinarias en obras de arte imitando los estilos de pintores icónicos como Van Gogh o Picasso.

LA PUERTA DE ALCALÁ DE MADRID AL ESTILO DE VAN GOGH, DE YAYOI KUSUMA Y DE EL GRECO (CREADAS POR CHATGPT4 CON DALL-E)

Más allá de replicar estilos existentes, la IA está explorando igualmente territorios inéditos, generando estilos completamente nuevos y únicos. El **proyecto Deep-Dream** de Google utiliza una red neuronal para modificar imágenes existentes, realzando patrones y características hasta crear composiciones visualmente sorprendentes y a menudo surrealistas. Esta capacidad de la IA para soñar visualmente abre un nuevo capítulo en el arte, donde la colaboración entre la programación algorítmica y la estética visual produce resultados impredecibles y fascinantes.

El arte generado por IA no solo ha capturado la imaginación de los profesionales del sector y artistas, sino que también ha comenzado a ganar reconocimiento en el mundo de los galeristas y las casas de subastas. Un hito en este sentido fue **la venta de la primera obra de arte generada por IA** en una subasta de Christie's. La obra, titulada *Edmond de Belamy*, creada por el colectivo francés Obvious, se vendió por una suma significativa, marcando un precedente en cómo el arte generado por IA es valorado y apreciado en el mercado del arte.

En la esfera de **la música,** la inteligencia artificial ha iniciado una transformación notable, reconfigurando no solo la creación y producción musical, sino también la forma en que la audiencia la experimenta. Esta tecnología ha dado lugar a innovaciones que oscilan desde la composición autónoma hasta la personalización de la experiencia auditiva, ofreciendo un panorama sonoro cada vez más adaptado a los gustos individuales.

En el campo de **la composición,** la IA se ha convertido en una herramienta poderosa que es capaz de generar música en una amplia gama de estilos y géneros. **AIVA** (Artificial Intelligence Virtual Artist) es un sistema que se especializa en componer música clásica. AIVA utiliza algoritmos de aprendizaje profundo para analizar partituras de compositores como Bach y Beethoven, aprendiendo sus técnicas para crear nuevas composiciones que mantienen el espíritu de estos maestros. En el ámbito de la música pop, cabe destacar el **proyecto Daddy's Car,** creado por investigadores de Sony CSL (Computer Science Laboratory), que utiliza su **sistema FlowMachines.** Este proyecto logró generar una canción en el estilo de The Beatles, combinando melodías, voces y armonías en un estilo reminiscente del icónico grupo, demostrando así la habilidad de la IA para imitar estilos musicales específicos y crear piezas que resonarían con los fanáticos de estos géneros. En la música más actual el **álbum** *I AM AI,* lanzado por la artista **Taryn Southern** en 2018, fue completamente compuesto con la ayuda de herramientas de IA. Este álbum destaca no solo por su calidad, sino también por ser uno de los primeros en ser completamente creado gracias a tecnologías emergentes.

La IA también está redefiniendo la producción musical. Herramientas como **LANDR** utilizan algoritmos para masterizar pistas de audio, ofreciendo a los músicos una alternativa accesible a los costosos servicios de masterización profesional. Estos sistemas analizan y ajustan dinámicamente los niveles de sonido, ecualización y otros aspectos del audio para mejorar la calidad de la grabación.

La aplicación de la IA en el ámbito de las artes y del entretenimiento está teniendo una amplia contestación debido a la indefinición sobre el concepto de autoría, la originalidad o la creatividad, que en ocasiones se vuelven subjetivas. **El concepto de originalidad** en el arte ha sido siempre un tema de debate, incluso antes de la introducción de la IA, pero la participación de algoritmos y sistemas automatizados ha intensificado estas discusiones. Cuando una obra es creada con la ayuda de la IA, ¿puede considerarse genuinamente original? La originalidad tradicionalmente vista como una expresión única del pensamiento y sentimiento humanos se enfrenta ahora al desafío de incluir la creatividad de las máquinas. Del mismo modo **la creatividad,** a menudo vista como el pilar de la producción artística y musical, entra en un territorio nebuloso cuando las máquinas intervienen. Los sistemas de IA pueden generar música y arte que parecen frescos y novedosos, pero su creatividad es inherentemente diferente de la humana. Estos sistemas procesan y reconfiguran los datos en formas nuevas, pero dependen completamente de los conjuntos de datos en los que fueron entrenados, que son, en última instancia, creaciones humanas. Así, surge la pregunta: ¿es esta reconfiguración de datos existentes una forma de creatividad genuina?

La atribución de **la autoría** en trabajos colaborativos entre humanos y máquinas es otra área de profundo interés y debate. En el campo de la música, artistas como Holly Herndon han incorporado la IA en sus procesos creativos, utilizando herramientas como **Spawn,** una inteligencia artificial entrenada con su propia voz. Herndon no solo utiliza la IA como una herramienta, sino que también la integra en el núcleo mismo de su proceso creativo, lo que plantea preguntas sobre la propiedad y la autoría. ¿Es Herndon la única autora de su música, o debería la IA recibir algún tipo de crédito o reconocimiento?

La perspectiva sobre la autoría se ve aún más complicada cuando se considera la capacidad de la IA para aprender y adaptarse con el tiempo. A medida que estas máquinas se vuelven más sofisticadas y capaces de generar obras cada vez más complejas y matizadas, la línea entre la asistencia y la cocreación se vuelve bastante más borrosa. Como se ha visto con las imágenes anteriores, en el mundo del diseño gráfico, las herramientas como DALL-E y CLIP de OpenAI han demostrado una capacidad impresionante para generar imágenes a partir de descripciones textuales que han sido previamente proporcionadas por escrito en DALL-E o ChatGPT, lo que muestra un nivel de comprensión y creatividad que va más allá de la simple asistencia.

● ●

ARTE Y MÚSICA POR IA EN 10 APLICACIONES.
ARTE

1. Imágenes. Utiliza tecnología de código abierto para generar arte de IA.

2. GetIMG. Puede generar imágenes originales, modificar fotos y crear modelos de IA personalizados.

3. ArtSmart AI. Permite un control detallado sobre los resultados y ofrece herramientas para crear indicaciones más matizadas.

4. DALL-E 2. Es capaz de crear imágenes realistas y detalladas, creándolas a partir de una descripción.

5. Deep Dream Generator. Experto en crear arte realista.

MÚSICA

1. Amper Music. Crea pistas musicales a partir de muestras pregrabadas que pueden ser modificadas.

2. AIVA. Mejora continuamente para componer bandas sonoras para anuncios, videojuegos, películas y más.

3. Soundful. Genera música de fondo libre de derechos de autor para vídeos y transmisiones.

4. Soundraw. Personaliza una canción con frases creadas por IA.

5. WavTool. Puede grabar, componer, producir, mezclar, masterizar y exportar todo dentro del navegador.

LA LITERATURA: LA IA Y LA ESCRITURA CREATIVA

La incorporación de la inteligencia artificial en el ámbito de la escritura creativa marca un punto de inflexión en la **historia de la literatura** y la **creación de guiones.** A medida que el mundo avanza en la actual era digital, la IA se ha convertido en una herramienta cada vez más influyente, capaz de asistir, complementar e incluso desafiar las técnicas tradicionales de escritura. Este fenómeno no solo puede cambiar por completo el proceso de escritura creativa, sino que también está redefiniendo las fronteras entre la creatividad humana y la generación automatizada de contenido.

Como ya se vio en los primeros capítulos de este libro, la inteligencia artificial lleva desde sus inicios teniendo una **especial relación con la escritura.** Al principio, este trato con la escritura creativa consistía en simples experimentos para testar los programas de IA recién creados. Más tarde se evolucionó hacia sistemas sofisticados capaces de producir textos con un grado notable de coherencia y creatividad. En la actualidad, la tecnología basada en IA aplicada a la escritura abarca desde algoritmos que pueden generar historias cortas y poesía hasta sistemas complejos que asisten en el desarrollo de obras de ficción o guiones para películas y programas de televisión. Estas **herramientas de escritura asistida por IA** no solo generan contenido, sino que también ofrecen análisis de estilo, sugerencias de edición y mejoras narrativas, basándose en un vasto conjunto de datos y patrones literarios.

La aplicación de la IA en la escritura creativa se sirve de las dos bases fundantes de la inteligencia artificial: **el PLN y el aprendizaje automático.** El PLN permite a la IA interpretar, entender y manipular el lenguaje humano, mientras que el aprendizaje automático le proporciona la capacidad de aprender de ejemplos y mejorar con el tiempo. Ello significa que las herramientas de IA pueden analizar textos existentes, aprender estilos y géneros literarios, y luego aplicar este conocimiento a fin de crear nuevos contenidos.

Un aspecto fascinante de la IA en la escritura es su **capacidad para desbloquear** nuevas formas de creatividad. Al sugerir ideas, estructuras narrativas y posibilidades lingüísticas, la IA puede actuar como una musa digital, inspirando a los escritores a investigar acerca de territorios inexplorados. Además, la IA puede ayudar a superar el bloqueo del escritor, ofreciendo continuamente **nuevas ideas y perspectivas** para impulsar el proceso creativo. Estos programas están equipados con capacidades avanzadas de IA que permiten a los autores cambiar la manera en que abordan el proceso de creación, desde la concepción inicial hasta la revisión final de sus obras.

Estos **programas de escritura asistida** por IA varían en función y complejidad, pero todos comparten un objetivo común: facilitar y enriquecer el proceso de escritura. Uno de los ejemplos más destacados es el de herramientas de generación de ideas y sugerencias narrativas. Estos programas utilizan algoritmos para **analizar tendencias literarias** y generar propuestas de tramas, desarrollos de personajes e incluso diálogos. Esto resulta particularmente útil para escritores que buscan inspiración o desean explorar nuevas direcciones en su trabajo. Otro aspecto importante de este tipo de *software* es la **asistencia en la redacción y edición.** Programas como **Grammarly** y

Hemingway Editor, además de corregir errores gramaticales y ortográficos, ofrecen igualmente sugerencias para mejorar la claridad, el flujo y el estilo del texto. Tales herramientas analizan el texto en un nivel más profundo que los correctores gramaticales tradicionales, ayudando a los autores a pulir su prosa y a expresar sus ideas de manera más efectiva.

En este campo existen también algunas plataformas de escritura asistida por inteligencia artificial que se centran en la **estructura narrativa** y el **desarrollo de la trama.** Estos programas pueden analizar un borrador de guion o novela que hayamos escrito, ofreciendo una retroalimentación en temas como el ritmo, la tensión y la estructura general. Herramientas como **Reedsy** utilizan la IA para proporcionar análisis detallados y sugerencias sobre cómo los escritores pueden mejorar sus historias para mantener a los lectores mucho más enganchados a las páginas de sus libros.

• •

PUEDES DECIRME 10 APLICACIONES Y PROGRAMAS DE IA PARA ESCRITORES.

1. **Grammarly.** Una herramienta avanzada de corrección gramatical y de estilo que utiliza IA para mejorar la claridad, la corrección y el estilo del texto.

2. **Hemingway Editor.** Este *software* analiza textos para mejorar su legibilidad, ofreciendo sugerencias para hacer la escritura más clara y concisa.

3. **Scrivener.** Aunque no es una herramienta de IA en sí misma, Scrivener es un *software* popular de escritura que facilita la organización de borradores y notas, muy útil para escritores que trabajan en proyectos largos.

4. **ProWritingAid.** Combina corrección gramatical con sugerencias de estilo y estructura de texto, ayudando a mejorar la calidad general de la escritura.

5. **Writesonic.** Un generador de texto basado en IA que ayuda a los escritores a crear borradores y contenido creativo, desde blogs hasta historias cortas.

6. Sudowrite. Diseñado como un «asistente de escritura», Sudowrite utiliza IA para ofrecer sugerencias creativas, sinónimos y revisiones para mejorar la escritura.

7. Reedsy. Ofrece herramientas de edición y corrección impulsadas por IA, con análisis de trama y personajes para ayudar a los escritores a perfeccionar sus historias.

8. Jasper (anteriormente conocido como Jarvis). Esta herramienta utiliza IA para ayudar a los escritores a generar contenido creativo y de *marketing*, optimizando la eficiencia en la creación de contenido.

9. AI-Writer. Una herramienta útil para la generación de contenido, proporciona asistencia en la redacción de artículos y blogs basándose en palabras clave y breves descripciones.

10. Rytr. Un asistente de escritura basado en IA que permite generar ideas, crear borradores y superar el bloqueo del escritor en varios estilos y formatos.

Entre los defensores de este tipo de aplicaciones se destaca que estas herramientas de IA también están **democratizando el proceso de escritura.** Autores independientes con recursos limitados ahora tienen acceso a asistentes de escritura que antes estaban reservados para profesionales con grandes presupuestos. Ello está abriendo el campo de la escritura creativa a una gama más amplia de voces y estilos, enriqueciendo el panorama literario y cinematográfico con nuevas y diversas perspectivas.

La generación automática de texto en literatura es una de las aplicaciones más fascinantes de la actual inteligencia artificial. Esta tecnología, que se basa en algoritmos avanzados y en el procesamiento del lenguaje natural, está no solo experimentándose en el ámbito de la creación literaria, sino también desafiando las nociones convencionales de autoría y originalidad.

En el mundo de la poesía, la IA ha demostrado ser una herramienta asombrosa. Un ejemplo de notable éxito es el proyecto **Deep-speare,** una IA diseñada para escribir sonetos al estilo de Shakespeare. Esta herramienta emplea redes neuronales para aprender patrones métricos, rimas y lenguaje, y después crea sus propios poemas que imitan sorprendentemente su estilo.

• •

CHATGPT Y LA POESÍA DE GÓNGORA.

- USUARIO: Hola, ¿podrías escribirme un soneto al estilo de Luis de Góngora sobre un objeto?

- CHATGPT: ¡Claro! ¿Qué te parece si elijo una pluma antigua como objeto para el soneto?

- USUARIO: Me parece perfecto, pero asegúrate de que realmente capture el estilo de Góngora.

- CHATGPT: Entendido. Aquí tienes un soneto al estilo de Luis de Góngora sobre una pluma antigua:

En este rincón vetusto y olvidado,
donde el tiempo sus huellas ha dejado,
reposa una pluma, noble y serena,
testigo mudo de épocas lejanas.

Su tinta, ya secada, aún atesora
los secretos de amores y de glorias,
en pergaminos que el alba dorada
besó, mientras la luna se alejaba.

Con cada trazo, un mundo revelaba,
de héroes y leyendas encantadas,
bajo el manto de estrellas titilantes.

Oh pluma, que en tus fibras guardas tanto,
eres arca de sueños, mar de encantos,
en tu silencio, historias resonantes.

- **USUARIO:** ¡Vaya! Eso fue impresionante, capturaste perfectamente la esencia del estilo barroco de Góngora.

- **CHATGPT:** Me alegra que te haya gustado. Si hay algo más en lo que pueda asistirte, no dudes en decírmelo.

En el mundo de la narrativa, la capacidad de la IA para generar texto ha llevado incluso a la creación de cuentos y novelas. **El proyecto ChatGPT de OpenAI** ha causado sensación por su habilidad para escribir textos coherentes y a menudo hasta ingeniosos. Aunque ChatGPT muchas veces puede errar en términos de coherencia narrativa y sobre todo en profundidad emocional, su habilidad para generar historias a partir de simples indicaciones ha impresionado tanto a escritores como a críticos.

La generación de texto por IA también está encontrando aplicaciones en el sector editorial y periodístico. Editoriales como Hachette y HarperCollins están explorando el uso de IA para generar **borradores iniciales** de libros o para ayudar en el **proceso de edición.** Hoy en día, aplicaciones como ChatGPT pueden ofrecer un significativo apoyo a la hora de asesorar a las editoriales, o a los escritores, sobre las tendencias del mercado y las posibles obras que encajarían mejor en ellas o que seguirían su estela, de manera que su uso no sea tanto creativo como de apoyo comercial.

En la actualidad, basta una simple consulta a ChatGPT para poder disponer de un asesor editorial en toda regla. El usuario puede pedir a la IA que busque las **tendencias del mercado** actual de libros de ficción en castellano y le proponga tres títulos y tres sinopsis de libros que se adapten a ellos. En solo unos segundos ChatGPT ofrece una completa respuesta: «Las tendencias actuales en el mercado de libros de ficción en castellano de 2023 revelan una preferencia por novelas que exploran temas profundos y complejos. Entre los títulos destacados se encuentran obras que abordan desde la muerte y la memoria hasta revisiones históricas y reflexiones sobre las relaciones sentimentales. Autores como Elvira Navarro, Ray Loriga y Fernando Aramburu están presentando novelas que reflejan estas temáticas».

• •

BASÁNDOSE EN ESTAS TENDENCIAS, LA APLICACIÓN DE OPENAI PRO-PONE AL AUTOR O EDITOR EL TÍTULO Y LA SINOPSIS DE LAS SIGUIENTES TRES NOVELAS:

- Título: *Ecos del ayer*.

- Sinopsis: En *Ecos del Ayer*, la historia se centra en Julia, una fotógrafa que hereda un viejo álbum de fotos de su abuela. Al investigar las imágenes, Julia descubre historias ocultas de su familia, entrelazadas con eventos históricos significativos de España. Cada fotografía revela un fragmento del pasado, desde los tumultuosos días de la Guerra Civil hasta la transición a la democracia. A través de su lente, Julia no solo captura la esencia del presente, sino que también se enfrenta a las sombras de la memoria y la historia. En este viaje, se entrelazan la narrativa contemporánea y la poesía, reflejando la influencia de las tendencias actuales en el mercado literario.

- Título: *Sombras de alquimia*.

- Sinopsis: Ambientada en la misteriosa Barcelona de principios del siglo xx, *Sombras de alquimia* sigue a Martín, un joven aprendiz de alquimista. Atrapado en una red de secretos y magia antigua, Martín debe descifrar un enigma que vincula la alquimia con los oscuros eventos políticos que se están gestando en la ciudad. Mientras se adentra en el mundo oculto de sociedades secretas y rituales esotéricos, descubre una verdad que podría cambiar el curso de la historia.

- Título: *La última nota*.

- Sinopsis: *La última nota* es la historia de Clara, una talentosa violinista cuya carrera se ve interrumpida por una tragedia personal. Al regresar a su pueblo natal en Andalucía, Clara descubre un manuscrito musical inacabado de su abuelo, que esconde un legado familiar lleno de pasión y secretos. Mientras intenta completar la obra, Clara se embarca en un viaje de autodescubrimiento y reconciliación, entrelazando la música con los hilos de la historia familiar y el amor perdido.

Algunos autores conocidos están experimentando con IA en su trabajo. Por ejemplo, el novelista Robin Sloan ha utilizado IA en su proceso de escritura, empleándola como una herramienta para generar ideas y fragmentos de texto que luego incorpora en sus novelas. Esto demuestra una aplicación híbrida de la IA en la literatura, donde la tecnología sirve como complemento a la creatividad humana. Siguiendo esta estela en **el periodismo,** empresas periodísticas como The New York Times y Reuters han experimentado con la IA para redactar artículos sencillos, basados en noticias ya generadas por agencias, que permiten liberar a los periodistas de estas tareas para que se concentren en trabajos de investigación más profundos.

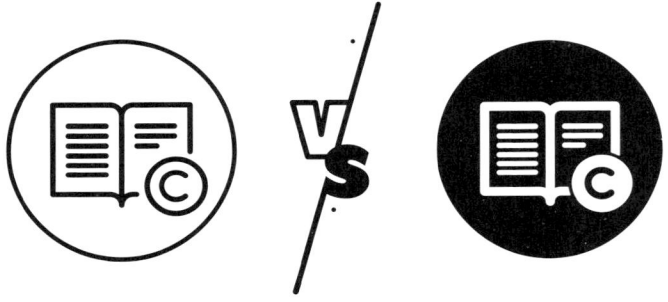

El avance de la inteligencia artificial en la escritura creativa, como ya se ve en estos ejemplos, plantea **cuestiones fundamentales sobre autoría y originalidad,** desafiando las concepciones tradicionales en el mundo literario. A medida que la IA se vuelve más sofisticada en la generación de texto, surge la pregunta crucial: ¿quién es el verdadero autor de un trabajo generado por IA? Esta cuestión es compleja. Por un lado, el *software* de IA se basa en extensos **corpus de textos humanos** para aprender estilos y estructuras narrativas. Sin embargo, el producto final generado por la IA puede ser significativamente diferente de sus datos de entrenamiento. ¿Puede entonces considerarse al programador o al usuario de la IA como el verdadero autor?, ¿o es la máquina misma una forma de coautor?

La originalidad es otro tema esencial. Las obras generadas por IA a menudo se construyen a partir de **patrones y estilos existentes,** lo que plantea preguntas acerca de la autenticidad y la novedad. Tomando el caso del soneto al estilo de Góngora de las páginas anteriores, ¿pueden considerarse estos versos realmente originales?, ¿o son simplemente una sofisticada imitación?

La inclusión de la IA en la escritura creativa presenta desafíos. Por un lado, puede servir como una herramienta poderosa para superar el bloqueo creativo o para explorar nuevas direcciones narrativas. No obstante, también existe el riesgo de que la dependencia excesiva de la IA conduzca a una **homogeneización de la escritura,** por la cual las obras pierden la diversidad y la profundidad que acompañan a la experiencia y las perspectivas humanas únicas.

Mirando hacia el futuro, es probable que la IA continúe desempeñando un papel en la escritura creativa. Esto requerirá un nuevo marco para entender la autoría y la originalidad en la era digital. Las discusiones éticas y legales a propósito de **derechos de autor y propiedad intelectual** necesitarán evolucionar para abordar estos nuevos desafíos.

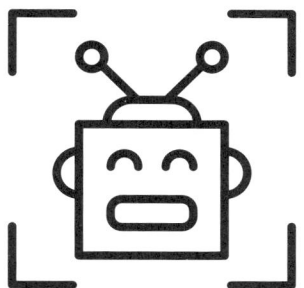

IA Y OCIO: DEL *STREAMING* A LOS VIDEOJUEGOS

En el dinámico y siempre cambiante mundo del entretenimiento y los medios de comunicación, la inteligencia artificial ha emergido como una fuerza disruptiva y transformadora. Esta **revolución tecnológica** no es una casualidad, es el resultado de una evolución natural debido a que hoy en día la IA tiene la capacidad para analizar grandes cantidades de datos y aprender de ellos. Esta fortaleza se ha convertido en un aliado indispensable en la creación, personalización y d stribución de contenidos.

El origen de la sinergia entre la IA y el entretenimiento y los medios se remonta a la búsqueda de métodos más eficientes y creativos para **captar y mantener la atención** del público. A medida que la tecnología avanzaba, la IA comenzó a mostrar su potencial para transformar no solo cómo se crean y distribuyen los contenidos, sino también el modo en que se personalizan y adaptan a las necesidades y gustos individuales del público.

La IA ha encontrado un terreno fértil en el sector del entretenimiento y los medios debido a su habilidad única para procesar y generar contenido de manera rápida y eficiente, algo esencial en una industria donde el tiempo es un recurso harto valioso. La capacidad de la IA para **analizar tendencias y preferencias** del público ha permitido a los creadores y distribuidores de contenido afinar sus estrategias con objeto de alcanzar a su audiencia de manera más efectiva. Esta aplicación de la IA como herramienta clave en el entretenimiento y los medios se ha visto potenciada por el rápido crecimiento de los datos disponibles y la necesidad de interpretarlos y utilizarlos de manera efectiva. Desde plataformas de *streaming* que utilizan **algoritmos de recomendación** para personalizar experiencias de usuario hasta la creación de música y arte mediante algoritmos avanzados, la IA está redefiniendo las fronteras de lo posible en estos campos.

La integración de la IA en el entretenimiento y los medios no es solo una cuestión de innovación tecnológica, sino igualmente un reflejo de un **cambio en la percepción del público y su interacción con el contenido.** La IA está contribuyendo a crear experiencias más inmersivas y personalizadas, marcando el comienzo de una nueva era en la que la tecnología y la creatividad humana se entrelazan de formas antes inimaginables.

PERSONALIZACIÓN Y RECOMENDACIÓN DEL CONTENIDO: EL PODER OCULTO TRAS EL MANDO A DISTANCIA

La inteligencia artificial ha eclosionado como una herramienta fundamental para la personalización y recomendación de contenidos, redefiniendo la **interacción entre plataformas digitales y usuarios.** A través de algoritmos avanzados y técnicas de aprendizaje automático, estas plataformas analizan una multitud de datos, incluyendo historiales de visualización y preferencias expresadas, para ofrecer recomendaciones personalizadas que se alinean estrechamente con los gustos individuales de cada usuario.

Este enfoque centrado en el usuario no solo mejora significativamente la experiencia de navegación, sino que también ha demostrado ser un factor crítico en la retención de usuarios y el compromiso de suscripción a largo plazo. Netflix, una de las principales plataformas de *streaming*, atribuye el 80 % de las visualizaciones de contenido a sus recomendaciones personalizadas, destacando el impacto sustancial de la IA en la elección de los espectadores. Estos sistemas inteligentes, al **estudiar patrones de consumo y preferencias,** no solo recalibran constantemente las sugerencias para mantenerse relevantes y atractivos; también integran un elemento de descubrimiento, animando a los usuarios a explorar territorios desconocidos dentro de su ecosistema de medios.

Como en tantos otros usos de IA, la personalización y recomendación de contenidos no está exenta de desafíos y consideraciones éticas. La **privacidad de los datos** se ha convertido en un tema de gran preocupación, ya que estos sistemas requieren el análisis de grandes volúmenes de información personal a fin de funcionar eficazmente. Además, existe el riesgo de sesgo algorítmico y la creación de «burbujas de filtro», donde los usuarios solo se exponen a contenidos que reflejan sus preferencias existentes, limitando la diversidad y el descubrimiento de nuevas perspectivas. Estos desafíos subrayan la necesidad de un equilibrio cuidadoso entre la personalización, la privacidad y la exposición a un rango diverso de contenidos, asegurando que la IA sirva como una herramienta **para enriquecer, y no limitar,** la experiencia del usuario en el vasto mundo del entretenimiento digital y los medios.

El universo de las plataformas de *streaming*, tanto de vídeo como de música, ha vivido un crecimiento sin precedentes en su base de usuarios, reflejando la creciente apetencia global por el consumo de contenido digital. En total, las principales plataformas de *streaming* de vídeo, que incluyen gigantes como **Netflix, Amazon Prime, Disney+, Hulu y HBO Max,** suman colectivamente cientos de millones de suscriptores. Netflix, líder del grupo, contaba con más

de 200 millones de suscriptores a nivel mundial a finales de 2020, mientras que Disney+ alcanzó la impresionante cifra de más de 100 millones de suscriptores en menos de dos años desde su lanzamiento. En el ámbito de la música, plataformas como **Spotify, Apple Music y Amazon Music** también han experimentado un aumento significativo en sus suscriptores. Spotify es el líder del mercado en *strea-*

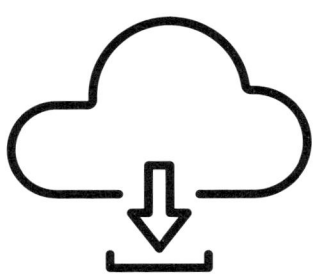

ming de música y contaba a principio de 2021 con más de 345 millones de usuarios activos mensuales, de los cuales más de 155 millones son suscriptores *premium*.

La IA en plataformas como Netflix y Spotify se ha convertido en un componente crítico de su modelo de negocio. Netflix ha invertido significativamente en sistemas de IA para analizar **patrones de visualización y comportamientos** de sus suscriptores. Estos sistemas, lejos de limitarse a la simple sugerencia basada en historiales de visualización o escucha, despliegan algoritmos complejos que integran un espectro amplio de datos para predecir con asombrosa exactitud los gustos y preferencias de los usuarios. El gigante Netflix utiliza un algoritmo sofisticado que no solo analiza lo que los usuarios han visto, sino cómo y cuándo lo han visto. De esta forma, si un usuario tiende a ver comedias ligeras los viernes por la noche, el algoritmo podría sugerir títulos similares en ese momento específico de la semana, considerando este patrón como indicativo de las preferencias de entretenimiento del usuario para ese período concreto. Estos sistemas de IA también toman en cuenta las **interacciones de usuarios con perfiles similares.** Si un grupo de usuarios con gustos parecidos muestra una tendencia hacia ciertos géneros o series, el algoritmo lo utilizará para hacer recomendaciones a usuarios con patrones de visualización similares. Esta técnica, conocida como *filtrado colaborativo,* permite que las recomendaciones sean dinámicas y evolucionen constantemente a medida que emergen nuevos datos y tendencias.

Otro aspecto fascinante de estos sistemas es su capacidad para integrar **variables contextuales,** como la hora del día o el clima. Por ejemplo, una plataforma podría sugerir películas más relajantes o series durante la noche, o contenido más animado y energético durante los días lluviosos, ajustando sus recomendaciones a las posibles necesidades emocionales o estados de ánimo de los usuarios en diferentes contextos.

• •

¿CÓMO FUNCIONA LA PERSONALIZACIÓN DE CARTELES EN NETFLIX?

La aplicación de la AI alcanza un nuevo nivel cuando Netflix adapta visualmente la presentación de sus títulos según los gustos individuales para que los usuarios encuentren contenido que les resulte atractivo, y también para crear una experiencia de usuario más cautivadora y personal.

1. **Análisis de preferencias del usuario.** Netflix analiza las preferencias e historial de visualización de cada usuario. Esta información incluye no solo qué títulos han visto, sino también cómo interactúan con diferentes tipos de contenidos.

2. **Selección de imágenes basadas en intereses.** Con base en este análisis, Netflix puede determinar qué tipo de imágenes podrían ser más atractivas para un usuario en particular. Por ejemplo, si a un usuario le gustan particularmente las películas de un actor específico, Netflix podría mostrar una imagen del cartel donde ese actor aparece prominentemente.

3. **Pruebas A/B y optimización.** Netflix realiza constantemente pruebas A/B, mostrando diferentes imágenes a distintos grupos de usuarios y midiendo cuál genera más clics en el título.

En el ámbito de la música, Spotify utiliza su **algoritmo Discover Weekly** para ofrecer a los usuarios listas de reproducción personalizadas cada semana. Este sistema utiliza tanto el aprendizaje automático para entender las preferencias musicales de los usuarios como el procesamiento del lenguaje natural para analizar las letras de las canciones, creando recomendaciones que son sorprendentemente precisas y personales. Este enfoque ha resultado ser enormemente exitoso, con informes que indican que más de la mitad de las listas de reproducción de Discover Weekly son reproducidas cada mes por los usuarios.

La creciente dependencia de estas plataformas de la IA para la recomendación de contenidos no está exenta de errores y desafíos. Entre los principales fiascos se encuentra el caso de **YouTube,** que, en su intento de personalizar el contenido y maximizar el tiempo de visualización, fue muy criticado por recomendar vídeos extremistas y de teorías de la conspiración, lo que le llevó a ajustar sus algoritmos. Este incidente resalta la

importancia de un equilibrio cuidadoso en la implementación de sistemas de IA, donde se consideren tanto las preferencias del usuario como el impacto social más amplio del contenido recomendado.

EL IMPACTO DE LA IA EN LA PRODUCCIÓN Y LA DISTRIBUCIÓN DE CONTENIDOS AUDIOVISUALES

La utilización de la inteligencia artificial en la industria del entretenimiento está afectando también a las prácticas tradicionales de producción y distribución de contenidos audiovisuales.

En **cuanto a la producción,** la IA se ha convertido en una herramienta determinante, facilitando el proceso desde la fase de preproducción hasta la postproducción. Su aplicación abarca desde el análisis y mejora de guiones hasta la asistencia en la edición y los efectos visuales, agilizando y optimizando procesos que tradicionalmente requerían mucho tiempo y recursos.

En la **fase de desarrollo y preproducción** de contenidos audiovisuales, la integración de la IA ha conseguido agilizar el proceso y aportar una perspectiva analítica que puede enriquecer la calidad y el potencial de éxito de los proyectos. En la actualidad, la IA se utiliza para analizar guiones de manera detallada y objetiva. **El programa ScriptBook** utiliza algoritmos avanzados para evaluar el potencial de éxito comercial de un texto. Este sistema analiza varios aspectos del guion, como su estructura narrativa, el desarrollo de personajes, los diálogos y elementos de género, y con posterioridad predice su viabilidad en el mercado. ScriptBook no solo ha sido capaz de predecir con éxito el fracaso de ciertas películas, a pesar de contar estas con grandes presupuestos y estrellas, sino que ha propuesto cambios en la trama para aumentar el atractivo emocional, y ha elevado a protagonistas a algunos personajes que figuraban como secundarios en la primera versión de un guion.

En **la fase de producción** de contenidos audiovisuales la IA ha comenzado a ser utilizada para la asistencia en la toma de decisiones creativas que incluye la selección y edición automática de escenas. En la película de terror *Morgan* (2016), la IA de IBM Watson analizó el metraje completo y seleccionó las secuencias más adecuadas para el tráiler. Este proceso, que tradicionalmente requiere de la intuición y experiencia de un editor humano, fue asistido notablemente por la IA, que identificó las escenas con mayor impacto emocional y tensión, optimizando la narrativa del tráiler.

Uno de los campos en los que la inteligencia artificial está demostrando una mejor eficiencia es en lo relativo a captura de movimiento, iluminación, fotografía y efectos visuales. La **captura de movimiento** es una técnica esencial en muchas producciones modernas que utilizan actores reales y animados, o entornos digitales. Los estudios Disney han desarrollado algoritmos de IA que ayudan a analizar y corregir en tiempo real los datos de captura de movimiento. Ello consigue animaciones más fluidas y reduce significativamente el tiempo de posproducción, dado que minimiza la necesidad de ajustes manuales.

En el campo de la **iluminación** y la **fotografía** en el estudio de rodaje nuevos algoritmos de IA pueden analizar las condiciones de iluminación y sugerir ajustes para capturar la mejor imagen posible. Esto no solo mejora la calidad visual de la producción, sino que también puede ayudar a reducir los costos al disminuir la necesidad de extensas correcciones de color y ajustes de iluminación en postproducción.

 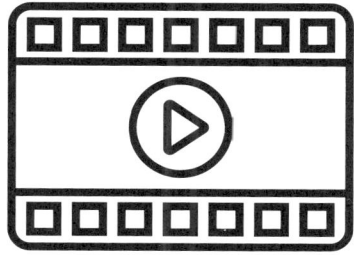

Un área donde la IA está marcando una diferencia sustancial es en la **creación de entornos y efectos visuales.** La IA se está utilizando en todo tipo de efectos especiales y creación de decorados, pero en los últimos años ha conseguido dar un salto de gigante gracias a la **tecnología StageCraft,** que puede terminar de una vez con la práctica totalidad de la posproducción digital basada en los famosos «fondos verdes o azules».

La tecnología StageCraft debutó con un apabullante impacto en la popular serie *The Mandalorian*, de Disney, y representó un cambio radical en cómo se visualizan y se interactúa con los entornos en los sets de filmación. Stage-Craft utiliza pantallas LED de gran tamaño para proyectar entornos digitales detallados alrededor del set. Estas pantallas, controladas por algoritmos avanzados de IA, muestran escenarios que pueden cambiar y adaptarse dinámicamente según la perspectiva y el movimiento de la cámara. Esta interactividad en tiempo real entre el entorno digital y la cámara aporta un **nivel de realismo e inmersión sin precedentes.** Los actores y directores ya no tienen que confiar exclusivamente en su imaginación para visualizar el mundo que los rodea, ya que pueden ver y reaccionar a los entornos digitales como si fueran reales, lo que facilita la inmersión en el ambiente para la interpretación y abarata el gasto en localizaciones y montaje de decorados.

Además de mejorar la autenticidad de las actuaciones y la dirección, StageCraft ofrece eficiencias significativas en términos de tiempo y costo. Tradicionalmente, la producción de películas y series con entornos extensos o fantásticos requería costosos desplazamientos, construcciones de sets físicos y largas sesiones de posproducción para añadir efectos visuales. StageCraft minimiza estos requisitos, permitiendo a los cineastas **crear y modificar entornos digitales con facilidad,** lo que reduce el tiempo de producción y los costes asociados.

La flexibilidad creativa que proporciona StageCraft es otro de sus puntos fuertes. Los cineastas pueden experimentar con diferentes condiciones de iluminación y entornos **sin las limitaciones de un set físico,** ampliando las posibilidades creativas. Esta tecnología se ha extendido más allá de *The Mandalorian*, encontrando aplicación en otras producciones como la serie *1899*, de Netflix, donde se utilizó para crear ambientes marítimos cambiantes y visualmente impactantes y en un buen número de producciones pendientes de estreno.

El uso de StageCraft está generando un nuevo estándar en la industria del entretenimiento. Al combinar el realismo de los sets físicos con la versatilidad de los efectos digitales, esta tecnología está allanando el camino para una nueva era en la producción audiovisual. Los **límites entre lo real y lo digital** se vuelven difusos, abriendo un mundo de posibilidades para narrativas más ricas y experiencias de visualización más envolventes. En resumen, StageCraft no es solo una herramienta de producción; es un cambio de paradigma en la creación de entornos digitales, redefiniendo lo que es posible en el cine y la televisión. De hecho, la película de Batman de 2021, protagonizada por Robert Pattison, ya fue heredera de esta tecnología, usándola tan solo un par de años después de su estreno en *The Mandalorian* y siendo la primera gran producción cinematográfica que la utilizó.

● ●

10 PELÍCULAS Y SERIES DE TELEVISIÓN REALIZADAS CON IA.

1. ***The Mandalorian.*** Esta serie de Disney+ es conocida por su uso pionero de StageCraft; ha revolucionado la producción de efectos visuales en televisión.

2. ***Rogue One.*** *Una Historia de Star Wars*. Utilizó tecnologías de IA para recrear digitalmente a ciertos personajes.

3. ***Avengers: Endgame.*** Empleó IA para generar efectos visuales, especialmente en escenas con multitudes y personajes CGI.

4. ***The Lion King***. Utilizó IA avanzada para crear animales y entornos realistas en CGI.

5. ***Gemini Man.*** Innovó en el uso de IA para la creación de un doble digital joven de Will Smith.

6. ***1899.*** Esta serie de Netflix utilizó una versión modificada de StageCraft para crear sus complejos entornos marítimos.

7. ***Frozen 2.*** Aplicó IA en la creación de efectos de nieve y hielo realistas.

8. ***The Irishman.*** Esta película de Martin Scorsese utilizó tecnología avanzada de IA para el rejuvenecimiento digital de los actores.

9. ***Westworld.*** Aunque no se ha confirmado el uso específico de StageCraft, la serie ha utilizado IA para algunos de sus efectos visuales y creación de entornos.

10. ***Alita: Battle Angel.*** Empleó tecnología avanzada de IA para la creación de efectos visuales, especialmente en la representación del personaje principal.

La inteligencia artificial también está remodelando profundamente el panorama de **la distribución de contenido** en la industria del cine y la televisión, introduciendo cambios significativos que están redefiniendo cómo se entregan películas y programas de televisión a **las audiencias globales.** Esta transformación va más allá de la mera automatización de procesos existentes; se trata de una reinvención de las estrategias de distribución que aprovecha el poder de los datos y el aprendizaje automático para llegar a los espectadores de formas innovadoras y efectivas.

En este capítulo ya se ha visto cómo la IA está facilitando una comprensión más profunda de las preferencias y comportamientos de la audiencia para determinar qué contenido se promociona a qué segmento de espectadores, asegurando que las **recomendaciones** sean altamente **relevantes y personalizadas.** Pero la inteligencia artificial ya está desempeñando un papel vital en la optimización de la programación y la planificación de lanzamientos. En el caso de las plataformas de *streaming*, la IA puede predecir cuándo sería el mejor momento para lanzar una nueva serie o película, basándose en el análisis de datos históricos y tendencias actuales. Esto asegura que el contenido nuevo se publique en un momento en que es más probable que capte la atención máxima del público objetivo. Con esta técnica la distribución se está volviendo más dinámica y, en lugar de los tradicionales lanzamientos en masa, la distribución puede ser ahora específica y dirigida. De esta manera una serie que podría tener un seguimiento de culto en un país específico puede ser promocionada intensivamente en esa región, mientras que en otras áreas se le da menos prioridad. Esta táctica de **distribución segmentada** no solo mejora la eficiencia de los esfuerzos de *marketing*, sino que también maximiza el retorno de la inversión al enfocar recursos donde tienen el mayor impacto.

Alguno de los mayores estudios internacionales y la práctica totalidad de las plataformas de contenido ya utilizan la IA para crear campañas de publicidad sobre sus productos que tengan un contenido personalizado. Con estos análisis de datos el consumidor puede ver un tráiler de una película o una serie de televisión, tanto en la plataforma como en sus redes sociales, creado específicamente para el grupo de interés en que el análisis de los datos le ha encasillado.

LA IA Y EL *GAMING*. LA NUEVA ERA DE LOS VIDEOJUEGOS

La incorporación de la inteligencia artificial al desarrollo de videojuegos y en las tecnologías de **realidad virtual y realidad aumentada** (VR y AR, respectivamente, por sus siglas en inglés) está marcando una nueva era en el entretenimiento interactivo. Esta fusión de IA con juegos y realidades extendidas no solo está elevando la calidad y la inmersión de las experiencias lúdicas, sino que también está abriendo caminos para innovaciones inéditas en la forma en que se interactúa y experimenta en los mundos virtuales.

En el **desarrollo de videojuegos** la IA está jugando un papel cada vez más prominente, redefiniendo la manera en que se crean y experimentan estos mundos interactivos. Su influencia abarca desde la generación de **entornos complejos** y detallados hasta la **creación de personajes no jugadores** (NPC, por sus siglas en inglés) que muestran comportamientos sorprendentemente realistas y autónomos.

En el diseño de entornos de juego la IA está hoy profundamente implicada en la creación de mundos que son vastos, dinámicos y profundamente inmersivos. En el videojuego *No man's sky* se aplica para crear un universo expansivo de planetas únicos, cada uno con su propia flora, fauna y geografía, generados algorítmicamente. Esta tecnología permite a los jugadores explorar mundos que son literalmente únicos, ofreciendo una experiencia inmersiva y personalizada.

En cuanto a los **NPC,** la IA está llevando a cabo una verdadera revolución que ha transformado estos personajes de simples figuras de fondo en entidades con comportamientos y personalidades propias. En *Middle-earth: shadow of Mordor* y su secuela, *Shadow of War*, la IA ha permitido crear un sistema conocido como el **Nemesis System.** En este modo los NPC recuerdan las interacciones con el jugador concreto y reaccionan en consecuencia en futuros encuentros, creando una narrativa personalizada y evolutiva. Esta tecnología no solo aporta una dimensión adicional a la jugabilidad, sino que también enriquece la narrativa, haciendo que cada experiencia de juego sea única y exclusiva.

En el terreno de **la jugabilidad** y la toma de decisiones en los videojuegos se está consiguiendo crear rivales artificiales a la altura de los mejores jugadores. En *StarCraft II* la IA no solo proporciona un desafiante oponente para los jugadores, sino que también ayuda a poder desarrollar estrategias y tácticas más complejas y variadas. La jugabilidad también se ha abordado desde los diferentes niveles de juego. En estos momentos, la IA está permitiendo, con la personalización del juego y de manera evolutiva, que los complejos videojuegos actuales no resulten de imposible manejo para jugadores novatos. La utilización de la inteligencia artificial permite, mediante el análisis del comportamiento y las preferencias de los jugadores, ajustar la dificultad, las misiones y los eventos del juego para adaptarse al estilo y habilidad del jugador.

Además, la IA está desempeñando un papel crucial en el avance de la VR y la AR, tecnologías que están redefiniendo la percepción y la interacción con el mundo digital. En **la realidad virtual,** la IA está mejorando la inmersión y la interactividad de las experiencias. En juegos de RV como *Half-life: Alyx*, la IA no solo controla

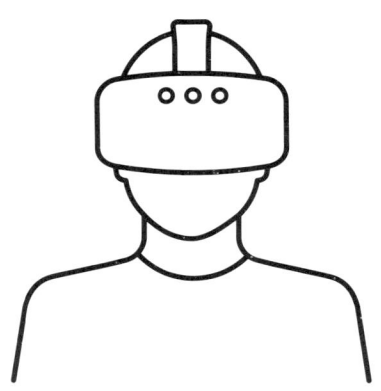

el comportamiento de los enemigos; igualmente, gestiona la interacción del jugador con el entorno de manera intuitiva y realista. Esto permite una experiencia de **juego más natural y envolvente,** donde los objetos y personajes responden de manera coherente a las acciones del jugador. Otra aplicación innovadora de la IA en RV es la creación de entornos y escenarios que se adaptan y cambian en respuesta a las acciones y decisiones del jugador. En el juego *The under presents,* la IA modifica **la narrativa y el entorno** en función de las interacciones del jugador, ofreciendo una experiencia única y personalizada que varía cada vez que se juega.

En la **realidad aumentada** la IA está llevando a cabo una asombrosa integración de los elementos digitales en el mundo real. En el popular juego *Pokémon GO*, la IA se utiliza para colocar criaturas Pokémon en ubicaciones del mundo real, adaptándose a diferentes entornos y contextos. La IA también facilita el reconocimiento de objetos y superficies en el mundo real, permitiendo que los Pokémon interactúen de manera creíble con su entorno, lo que aumenta la sensación de realismo y la inmersión del juego.

• •

10 APP DE REALIDAD AUMENTADA CON IA PARA TODOS LOS PÚBLICOS.

1. ***Pokémon GO.*** Juego móvil que combina el mundo real con criaturas virtuales, incentivando la exploración física.

2. **IKEA Place.** Aplicación que permite a los usuarios visualizar muebles en sus hogares antes de comprarlos.

3. **Snapchat.** Red social conocida por sus filtros de realidad aumentada que transforman las características faciales y el entorno.

4. **Google Translate.** Función que permite traducir textos en tiempo real utilizando la cámara del teléfono.

5. **SkyView.** Aplicación educativa que permite a los usuarios identificar estrellas, constelaciones y otros cuerpos celestes apuntando su dispositivo hacia el cielo.

6. **Inkhunter.** Una aplicación innovadora que permite a los usuarios visualizar cómo se verían los tatuajes en su cuerpo antes de tatuarse, utilizando realidad aumentada para proyectar diseños de tatuajes sobre la piel.

7. **Star Walk 2.** Una aplicación educativa de astronomía que usa la realidad aumentada para ayudar a los usuarios a explorar el cielo nocturno. Al apuntar hacia el cielo, pueden identificar planetas, estrellas y constelaciones.

8. AR MeasureKit. Herramienta que convierte el dispositivo en una cinta métrica virtual. Usando la realidad aumentada, permite a los usuarios medir objetos y distancias en el mundo real con su cámara.

9. Quiver. Una aplicación de colorear que da vida a los dibujos. Los niños pueden colorear páginas que, cuando se ven a través de la aplicación, se convierten en animaciones tridimensionales interactivas.

10. GIPHY World. Una aplicación que permite a los usuarios crear y compartir contenido animado en realidad aumentada. Los usuarios pueden colocar GIF y animaciones en 3D en su entorno real y grabar vídeos para compartir en redes sociales.

LA REALIDAD AUMENTADA EN EL MÓVIL HOY.

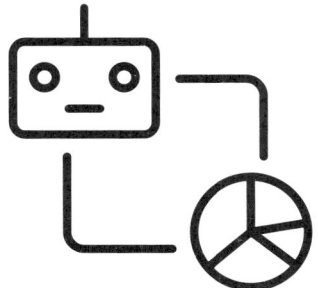

IA EN LA
PLANIFICACIÓN
DE VIAJES

En un mundo cada vez más interconectado, viajar se ha transformado en una experiencia expansiva y multifacética, marcada por un deseo creciente de inmersión cultural y autenticidad. La inteligencia artificial emerge en este campo como un catalizador que ofrece **herramientas y soluciones** para enriquecer el viajar, transformando a cada turista en un explorador local con la capacidad de experimentar cada destino como si fuera su propio hogar.

La era de los viajes impulsados por IA se está abriendo camino como una de las opciones más demandadas y en ella se desdibujan los límites tradicionales entre el turista y el residente. Los sistemas basados en IA comienzan a ser **compañeros de viaje indispensables,** que ofrecen desde recomendaciones personalizadas que reflejan los gustos y preferencias individuales hasta servicios de asistencia en tiempo real que garantizan **seguridad y comodidad.** Estos sistemas no solo mejoran la **planificación** y la **logística** del viaje, sino que también abren puertas a experiencias auténticas, permitiendo a los viajeros sumergirse en las culturas locales de maneras anteriormente inimaginables.

Además, la **traducción** y los **servicios lingüísticos** impulsados por IA están eliminando las barreras del idioma, uno de los mayores desafíos para los viajeros. Estas herramientas permiten una comunicación fluida y natural, facilitando interacciones más significativas con las personas y el entorno. La integración de la IA en las **redes sociales y plataformas de viaje** también juega un papel crucial, conectando a los viajeros con comunidades locales y experiencias auténticas basadas en sus intereses y pasiones.

VIAJES Y EXPERIENCIAS ÚNICAS. LOS ASISTENTES DE VIAJES VIRTUALES

La personalización de la experiencia de viaje mediante la inteligencia artificial está cambiando la forma en que las personas exploran y experimentan el mundo. Esta tecnología está abriendo puertas a experiencias de viaje que se adaptan a las preferencias y necesidades individuales de cada viajero, convirtiendo cada aventura en una **experiencia única y a medida.**

Los sistemas de IA, al analizar patrones de comportamiento, intereses y experiencias pasadas, tienen la capacidad de ofrecer **recomendaciones personalizadas** que van desde destinos hasta actividades específicas. Hoy en día plataformas como **TripAdvisor y Kayak** utilizan algoritmos avanzados para sugerir hoteles, vuelos y visitas a atracciones turísticas basados en las interacciones previas del usuario. Estos sistemas pueden identificar si un viajero prefiere aventuras al aire libre, visitas culturales o relajación en la playa, y ajustar sus sugerencias y el orden de muestra de sus resultados en consecuencia.

La industria del turismo también puede satisfacer la demanda de personalización de cada viaje poniendo en marcha proyectos de *chatbots* de inteligencia artificial. Tales herramientas, implementadas por **aerolíneas y cadenas hoteleras,** proporcionan una comunicación personalizada y asistencia en tiempo real, respondiendo preguntas, ofreciendo consejos y ayudando en la planificación del viaje.

Asimismo, las aplicaciones de viajes están poniendo en marcha, de la mano de gigantes como **Google Maps y Citymapper,** rutas de viaje optimizadas y sugerencias personalizadas de restaurantes y atracciones locales, mejorando la experiencia general del usuario. Estas aplicaciones también pueden adaptarse a las condiciones en tiempo real, como el tráfico y el clima, para proporcionar la mejor experiencia de viaje posible.

La personalización también se extiende al ámbito de las experiencias de viaje en el destino, y algunas de las principales compañías hoteleras utilizan sistemas de IA para ajustar automáticamente las habitaciones según las preferencias del huésped, como la temperatura, la iluminación y los servicios de entretenimiento, creando una estancia más cómoda y agradable.

Los **asistentes de viaje virtuales**, impulsados por la inteligencia artificial, representan una innovación clave en la industria del turismo porque están revolucionando la manera en que los viajeros planifican, experimentan y reflexionan sobre sus viajes. Estos asistentes virtuales, que varían desde simples *chatbots* hasta sofisticados asistentes personales, están diseñados para ofrecer una experiencia de viaje fluida y personalizada.

Entre los ejemplos actuales más destacados se encuentra el ***chatbot* de la aerolínea KLM en Facebook Messenger.** Este *chatbot* no solo ayuda a los usuarios a reservar vuelos y recibir confirmaciones, sino que proporciona igualmente actualizaciones de estado en tiempo real, recordatorios de los tiempos y mostradores para la facturación y respuestas instantáneas a preguntas comunes. De este modo, los viajeros pueden obtener información vital y realizar acciones necesarias para su viaje directamente desde su teléfono móvil, sin necesidad de navegar por múltiples aplicaciones o sitios web.

Las agencias de viajes en línea también están llevando a cabo una remodelación de su forma de interactuar con el cliente. El asistente virtual de **Expedia** utiliza la IA para ayudar a los viajeros a encontrar las **mejores ofertas** en vuelos, hoteles y actividades. Mediante la comprensión del lenguaje natural, este asistente puede interpretar y responder a las consultas de los usuarios de ma-

nera eficiente, ofreciendo opciones y sugerencias basadas en las preferencias y el historial de búsqueda del viajero.

En hoteles, la multinacional Hilton ha puesto en marcha el asistente llamado **Connie,** que, impulsado por la tecnología de IBM Watson, está mejorando la experiencia de los huéspedes. Connie puede proporcionar información detallada sobre las instalaciones del hotel, recomendaciones locales e incluso orientación acerca de puntos de interés turístico cercanos. Este tipo de asistentes no solo mejora la **eficiencia del servicio al cliente,** sino que también agrega un toque personalizado a la estancia del huésped.

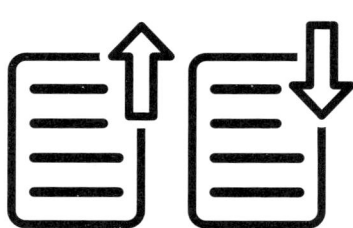

10 SOLUCIONES DE LA IA PARA VIAJAR SIN PROBLEMAS DE COMUNICACIÓN.
1. Google Translate. Una aplicación de traducción versátil que soporta múltiples idiomas y ofrece funciones como traducción de voz, texto y cámara en tiempo real.

2. **Microsoft Translator.** Ofrece traducciones de voz y texto en varios idiomas y tiene la capacidad de traducir conversaciones grupales en tiempo real.

3. **iTranslate.** Una aplicación que proporciona traducción de voz y texto en más de 100 idiomas, con opciones adicionales como diccionario y traducción fuera de línea.

4. **TripLingo.** Diseñada específicamente para viajeros, combina traducción de voz y texto con herramientas culturales y consejos de viaje.

5. **SayHi.** Un traductor de voz interactivo que soporta numerosos idiomas y dialectos, permitiendo conversaciones fluidas en tiempo real.

6. **Pocketalk.** Un dispositivo portátil de traducción que ofrece traducción bidireccional en más de 70 idiomas, ideal para viajeros.

7. **Babylon Translator.** Proporciona traducciones rápidas y precisas de texto y documentos en múltiples idiomas.

8. **Papago.** Una aplicación de traducción especializada en idiomas asiáticos, que ofrece traducción de texto, voz e imagen.

9. **Speak & Translate.** Una aplicación que ofrece traducción de voz y texto en tiempo real en una amplia gama de idiomas.

10. **Travis Touch Plus.** Otro dispositivo de traducción portátil que soporta más de 100 lenguas y proporciona traducciones bidireccionales rápidas y precisas.

TRADUCCIÓN Y SERVICIOS LINGÜÍSTICOS, UNA PIEDRA ROSETTA PARA CADA VIAJERO

La aplicación de la inteligencia artificial al campo de la **traducción e interpretación** está obteniendo unos excelentes resultados. Esta tecnología también está teniendo un gran impacto en la forma en que los viajeros superan las barreras del idioma, facilitando una **comunicación más efectiva** y una **inmersión cultural** mucho más profunda en cada viaje. Estas herramientas de IA, cada vez más sofisticadas, están transformando los viajes internacionales, haciendo que las experiencias en el extranjero sean más accesibles y enriquecedoras aunque no se domine ninguna lengua del país que se visita.

Las aplicaciones como **Google Translate** han evolucionado notablemente, ofreciendo hoy **traducciones instantáneas** para una variedad de idiomas. Esta aplicación ha desarrollado una serie de funciones innovadoras: desde la traducción de voz a la de imágenes o en tiempo real. La **traducción de voz** es una característica que permite a los usuarios expresarse en su idioma nativo directamente a través de su dispositivo y recibir una traducción instantánea en tiempo real. Este recurso se revela especialmente valioso en situaciones de conversación en vivo, donde la fluidez y la espontaneidad son esenciales.

La **traducción de imágenes** es una herramienta con la que los usuarios pueden apuntar la cámara de su dispositivo a textos, ya sean menús de restaurantes, señales de tráfico, metro o carteles publicitarios en un país extranjero o documentos en un idioma desconocido. Y al mirar a través de la pantalla, verán el texto traducido superpuesto en la imagen en tiempo real. Esta característica utiliza la realidad aumentada para proporcionar una traducción visual y contextual, lo que simplifica enormemente la comprensión y la interacción con un entorno desconocido.

Igualmente, Google Translate ofrece la posibilidad de realizar **traducción de texto.** Con esta herramienta los usuarios pueden escribir o copiar y pegar texto en la aplicación y obtener una traducción instantánea. Tal función se convierte en una herramienta esencial para aquellos que necesitan traducir textos escritos o digitales, como correos electrónicos, páginas web o artículos de investigación. La accesibilidad y la rapidez con las que se obtiene la traducción hacen que esta característica sea imprescindible en un mundo globalizado.

La **traducción conversacional** cara a cara es una de las herramientas más útiles de Google Translate al viajar al extranjero. Se trata de un modo de conversación que facilita la comunicación bidireccional en tiempo real entre personas que hablan diferentes idiomas. Con esta aplicación se puede llevar a buen puerto una conversación fluida con alguien que habla un idioma distinto y, sin embargo, ser capaz de entenderse mutuamente sin obstáculos lingüísticos. Esta característica es esencial a la hora de poder acceder a cualquier pequeño comercio local, restaurantes fuera del circuito internacional, requerir indicaciones útiles de gente de la calle o encontrarse en una situación de urgencia que requiera la interacción con la policía y otros servicios de emergencias. Pero este uso también promueve la unión entre culturas y la eliminación de las barreras idiomáticas, permitiendo que las personas concretas se conecten de manera más efectiva en un mundo cada vez más diverso.

El **aprendizaje de idiomas** asistido por **ChatGPT 4** puede ser una experiencia enriquecedora y personalizada. Los usuarios pueden solicitar ejercicios específicos según su nivel y tema de interés. Por ejemplo, un usuario podría pedir ejercicios de gramática para principiantes en francés o prácticas de conversación en inglés a nivel intermedio. ChatGPT 4 es capaz de generar estos ejercicios y proporcionar correcciones y comentarios.

Además, los usuarios pueden entrenar un chat específico para sus sesiones de idiomas. A medida que el usuario avanza y mejora, puede informar a ChatGPT 4 sobre su progreso, permitiendo que el sistema adapte los ejercicios a su nuevo nivel. Este enfoque personalizado garantiza que el aprendizaje sea eficaz y se ajuste al ritmo y estilo del usuario.

LECCIÓN DE FRANCÉS CON CHATGPT 4
- **USUARIO:** Sigamos con mi empeño por aprender francés desde el principio. ¿Qué me propones hoy?

- **CHATGPT 4:** Vamos a crear un ejercicio de completar frases en francés para un nivel A2. Completa los huecos en las siguientes oraciones:

1. Je ___ (aller) au cinéma demain.
2. Ils ___ (être) très heureux de te voir.
3. Nous ___ (faire) nos devoirs ce soir.

- **USUARIO:** 1. Vais. 2. Somms. 3. Faisons.

- **CHATGPT 4:**

1. Correcto.
2. Incorrecto, «sont» es la forma correcta del verbo «être» en tercera persona del plural.
3. Correcto.

¡Buen trabajo!

El impacto que estas aplicaciones de la inteligencia artificial a la traducción y los asistentes lingüísticos está jugando un papel crucial en el fomento de la comprensión y el aprecio interculturales. Gracias a estas herramientas, los viajeros pueden **interactuar directamente** con los residentes, comprender mejor las costumbres y participar en tradiciones locales, lo que antes era un desafío significativo debido a las barreras del idioma. Esta interacción enriquece la experiencia de viaje, posibilitando a los turistas no solo ver, sino también vivir y sentir la esencia de la cultura local. Esta posibilidad de **comunicarse en el idioma local,** incluso de manera básica, facilita un intercambio más genuino y respetuoso. Los viajeros pueden aprender sobre la historia y el patrimonio de un lugar de manera directa, obteniendo conocimientos que van más allá de lo que se encuentra en las guías turísticas. Esta **profundización en el conocimiento cultural,** además de enriquecer la experiencia individual del viajero, fomenta igualmente una mayor tolerancia y entendimiento entre diferentes culturas.

Estas aplicaciones también están **democratizando el turismo.** Personas que anteriormente podrían haberse sentido intimidadas por la barrera del idioma ahora se sienten más seguras para explorar nuevos y diversos destinos. Todo ello promueve un turismo más inclusivo y diversificado, abriendo puertas a experiencias que antes eran inaccesibles para muchos.

EL ASISTENTE PERSONAL CHATGPT 4

L a evolución de los asistentes personales basados en inteligencia artificial representa una fascinante travesía a través de la innovación y la tecnología. Estos asistentes, que hoy comienzan a ser herramientas integradas en la vida cotidiana, tienen sus raíces en los primeros esfuerzos por dotar a las máquinas de capacidades de comprensión y generación del lenguaje humano.

En sus inicios, los asistentes personales basados en IA eran sistemas rudimentarios limitados a funciones básicas de voz y texto. La llegada de tecnologías como el aprendizaje automático y las redes neuronales consiguió que estos asistentes comenzaran a evolucionar rápidamente. La capacidad de **aprender de las interacciones** y mejorar con el tiempo transformó estos sistemas en asistentes más inteligentes y adaptativos.

La introducción de productos como **Siri** de Apple, **Google Assistant** y Amazon **Alexa** en el mercado de masas marcó un punto de inflexión en esta evolución. Estos asistentes personales no solo respondían a comandos de voz, sino que también comenzaron a entender contextos, personalizar respuestas y realizar tareas más complejas. Su integración en teléfonos móviles y dispositivos domésticos inteligentes facilitó un acceso sin precedentes a la información y el control de la tecnología cotidiana mediante la voz.

CHATGPT, EL IMPULSO DEFINITIVO A LOS ASISTENTES PERSONALES

La llegada de ChatGPT, con su capacidad avanzada para generar texto y entender el lenguaje, ha representado otro salto cualitativo en la evolución de los asistentes personales. ChatGPT ha abierto nuevas posibilidades en términos de interacción natural, generación de contenido y asistencia personalizada, ampliando los límites de lo que estos asistentes pueden hacer. Esta herramienta de OpenAI representa un **hito en la evolución de la inteligencia artificial** aplicada a la comunicación y la interacción humana. Su versión más avanzada, hasta la fecha de finalización de este libro, es ChatGPT 4. Esta nueva actualización se distingue por su capacidad excepcional para comprender y generar lenguaje humano de manera coherente y contextual. Desde sus primeras versiones, ChatGPT ha experimentado una evolución significativa en términos de complejidad y capacidad. Gracias a un entrenamiento más extenso y a una arquitectura de red neuronal más sofisticada, puede entender **matices y contextos** más complejos, lo que le permite participar en conversaciones más profundas y de mayor valor añadido. Esta mejora en la comprensión del lenguaje le permite igualmente ofrecer respuestas más precisas y contextualizadas a una variedad más amplia de consultas.

Con la nueva actualización, el programa de OpenAI muestra una capacidad mejorada para generar texto creativo y técnico. Puede escribir en una **variedad de estilos** y para diferentes propósitos, desde la creación de contenido poético y narrativo hasta la redacción de informes técnicos y materiales educativos. Tal flexibilidad lo hace útil para una gama más amplia de aplicaciones, desde la asistencia personal hasta la generación de contenido para medios digitales.

Otra mejora significativa es la capacidad de ChatGPT 4 para aprender de las interacciones anteriores. A diferencia de las versiones anteriores, ChatGPT 4 **pue-**

de recordar y referirse a información de conversaciones previas, lo que mejora la coherencia y relevancia de sus respuestas en interacciones prolongadas.

En términos de personalización, ChatGPT 4 puede adaptarse mejor a las necesidades y preferencias específicas del usuario. Puede ajustar su tono, estilo y enfoque según el contexto y el propósito de la conversación, proporcionando una **experiencia más personalizada** y atractiva. Esta es una de sus innovaciones más notables porque ahora tiene la capacidad de ser entrenado en tareas específicas, adaptándose a necesidades particulares. Esta funcionalidad permite a los usuarios crear chats personalizados y únicos que se especializan en áreas concretas, como soporte técnico, asesoramiento médico, tutoría educativa, traducción de idiomas, envío de correos electrónicos laborales, creación de recetas para una dieta específica o un inagotable número de acciones. Semejante personalización se logra mediante el **entrenamiento del modelo** con conjuntos de datos específicos que reflejan el contexto y el contenido deseados. Esta habilidad para adaptarse y especializarse, junto con sus nuevas funcionalidades, amplía enormemente el alcance y la utilidad de ChatGPT en diversas aplicaciones, ofreciendo soluciones más precisas y efectivas para los usuarios.

24 HORAS CON CHATGPT 4: LA REVOLUCIÓN DE LA IA EN LA VIDA DIARIA

Desde el inicio de estas páginas la intención del libro ha sido la de guiar al lector por el fascinante mundo de la inteligencia artificial; se trata de comprender cómo la IA está llevando a cabo una transformación profunda del mundo actual. El lector ya ha podido conocer desde sus orígenes teóricos y la base científica y técnica que la sostiene hasta las **aplicaciones prácticas** en diferentes sectores económicos y sociales. Pero la revolución de la IA ya está afectando **al día a día** de las personas, sus aplicaciones se multiplican de manera sistemática, y está cambiando la rutina y la manera de afrontar las tareas de cada jornada. Este último capítulo viene a dar muestra de los usos que el lector puede llevar a cabo hoy mismo con estas herramientas de inteligencia artificial.

Estas páginas realizan un fascinante recorrido por un día típico en la vida de una persona que utiliza ChatGPT 4. Son **ejemplos reales** con sus múltiples funcionalidades y su legión de asistentes personales entrenados para tareas concretas y específicas. Desde el despertar hasta el fin del día, ChatGPT 4 transforma cada aspecto de la vida cotidiana, haciéndola más eficiente, enriquecedora y manejable.

En la vida diaria, la **organización eficiente de la agenda** es esencial. ChatGPT 4, mediante una aplicación específica de gestión del tiempo, transforma esta tarea habitual en una experiencia intuitiva y automatizada. Al interactuar con esta herramienta, los usuarios pueden detallar sus compromisos, preferencias y objetivos, y el sistema utiliza esta información para organizar una agenda óptima. Al final el usuario puede pedir que se le presente **en formato de tabla** para poder enviarla a su familia.

• •

ORGANIZAR LA AGENDA CON CHATGPT 4

- **USUARIO:** Hola, necesito organizar mi semana y tengo varias cosas que hacer.

- **CHATGPT 4:** ¡Claro! Dime qué necesitas planificar.

- **USUARIO:** Necesito preparar una presentación para el viernes, hacer ejercicio lunes, miércoles y viernes, cenar con mi familia el jueves, recoger a los niños del colegio los martes y jueves, tengo una cita médica el miércoles a las 3 p. m., y quiero ir a ver *Hamlet* al teatro principal el sábado.

- **CHATGPT 4:** Entendido. Podrías dedicar de 9 a 11 a. m. de lunes a jueves para tu presentación, tus sesiones de gimnasio de 6 a 7 p. m., recoger a los niños a las 4 p. m., tu cita médica el miércoles, la cena familiar el jueves a las 8 p. m., y *Hamlet* el sábado por la noche a la función de las 19:30 h.

¿Quieres que organice estos eventos en una agenda?

- **USUARIO:** Sí, por favor, y me gustaría verla en formato de tabla.

- **CHATGPT 4:** Perfecto, aquí está tu agenda detallada en formato de tabla. [Describe la agenda en texto]

- **USUARIO:** Muchas gracias.

Las interacciones con chats específicos de agenda multiplican las posibilidades. Así, un usuario podría decir igualmente: «Necesito preparar una presentación para el viernes, hacer ejercicio tres veces a la semana y reservar tiempo para la cena con mi familia». ChatGPT 4 procesaría esta información y sugeriría un horario semanal, equilibrando las obligaciones profesionales con las personales y el tiempo libre.

Este asistente, con su avanzada capacidad de procesamiento de lenguaje natural y conocimiento técnico, se presenta también como una herramienta valiosa para **proporcionar soporte técnico básico**. Este asistente virtual puede guiar en la solución de problemas informáticos comunes, ofreciendo guías paso a paso para solucionar cuestiones relacionadas con *software, hardware,* **conectividad** y los recurrentes problemas que el usuario tipo se encuentra a la hora de interactuar con dispositivos inteligentes.

Si un usuario tiene problemas con una conexión wifi lenta, ChatGPT 4 puede sugerir soluciones como reiniciar el rúter, cambiar el canal de wifi o actualizar los controladores de red. Para problemas de *software,* como un programa que no responde, el asistente puede guiar al usuario a través de procesos como forzar el cierre del programa, verificar actualizaciones del sistema o realizar un escaneo de *malware.* El chat entrenado por la IA **dispone de la mayor parte de los manuales de usuario** de las principales marcas. De esta forma se puede preguntar por un modelo concreto; basta iniciar la conversación con una

frase como «¿Me puedes ayudar a configurar mi impresora HP Tango?» para que el asistente dé una completa explicación de lo que hay que hacer paso a paso. También puede ofrecer ejemplos concretos de cómo solucionar los problemas más comunes.

Esta capacidad de ofrecer asistencia técnica inmediata y personalizada convierte a ChatGPT 4 en una **herramienta esencial** para usuarios que no poseen un conocimiento técnico avanzado, facilitando la **resolución de problemas** cotidianos y mejorando la eficiencia en el uso de la tecnología.

La **asistencia en la cocina y las sugerencias culinarias** son áreas donde ChatGPT 4 puede ser particularmente útil. Este asistente de IA es capaz de proporcionar una amplia gama de **recetas,** adaptarse a **restricciones dietéticas** y a las preferencias personales, e incluso puede ayudar a planificar **menús semanales** completos.

Así, un usuario puede solicitar a ChatGPT 4 que elabore un menú semanal que se ajuste a una dieta vegetariana, baja en carbohidratos o cualquier otra especificación que se nos ocurra. El chat también puede entonces sugerir recetas para cada comida del día, ofreciendo siempre opciones variadas y equilibradas. Basándose en estas recetas, el asistente también puede generar una **lista detallada de compras,** asegurando que el usuario tenga todos los ingredientes necesarios para la siguiente semana. Es en cierto modo una agenda culinaria totalmente personalizada.

Sous chef es uno de los asistentes entrenados en ChatGPT para sugerir recetas basadas en la comida que más gusta, en el tipo de alimentos que se desea tener e incluso es capaz de analizar una foto que haya tomado el usuario de su frigorífico y proponer recetas para realizar con los alimentos que hay dentro, tratando de optimizar tiempo y gasto.

MODELO DE RECETA CON CHATGPT 4.

- **USUARIO:** Te envío la foto de lo que tengo en mi frigorífico. ¿Podrías sugerirme un menú para una cena de último minuto para una cita?

- **CHATGPT 4:** Al mirar el contenido de tu nevera, definitivamente tienes los ingredientes para una cena de último minuto en casa con un toque elegante. Aquí tienes una sugerencia que puede elevar tu comida a una experiencia gastronómica encantadora:

Menú de cena elegante: inspiración mediterránea

Entrada: bruschetta con tomate y albahaca

- Corta en rodajas finas una baguette y tuesta las rebanadas hasta que estén doradas.
- Cubre con una mezcla de tomates en cubos, albahaca finamente picada, ajo picado, aceite de oliva, vinagre balsámico, sal y pimienta.

Plato principal: pollo al horno con costra de hierbas

- Marina las pechugas de pollo en aceite de oliva, jugo de limón y una variedad de hierbas secas como tomillo o albahaca.
- Cubre con pan rallado y queso parmesano, luego hornea hasta que el pollo esté completamente cocido y la costra esté dorada.

Guarnición: verduras salteadas

- Saltea zanahorias, pimientos verdes y calabacines en aceite de oliva con un toque de ajo, sazonando con sal y pimienta al gusto.

Postre: yogur con frutas frescas y miel

- Sirve una cucharada de yogur con una selección de frutas frescas (parece que tienes manzanas y posiblemente algunas otras frutas en el cajón).
- Rocía con miel para un toque dulce.

Bebida: agua con gas con cítricos

- Sirve agua con gas fría con una rodaja de limón o lima para una opción refrescante y sofisticada de bebida sin alcohol.

Para darle un toque extra de elegancia, prepara la mesa con tu mejor vajilla, enciende algunas velas y pon música suave de fondo. Con los ingredientes que tienes y un poco de creatividad, ¡ciertamente puedes lograr una cena elegante que impresionará a tu cita! ¿Te gustaría seguir este menú o tienes algo más en mente?

Esta funcionalidad, además de **ahorrar tiempo y esfuerzo** en la planificación de comidas, puede ayudar a los usuarios a descubrir nuevas recetas y técnicas culinarias, mejorando su experiencia en la cocina. La capacidad de ChatGPT 4 para proporcionar estas sugerencias culinarias personalizadas lo convierte en un asistente invaluable en la cocina.

Por otra parte, ChatGPT 4 se puede utilizar para desarrollar aplicaciones como **MedRemind,** un **recordatorio de medicación** en el que el usuario entrenará al chat con unas órdenes básicas para ayudar a tomar sus medicamentos a tiempo, lo cual es una gran ayuda en usuarios de edad avanzada. Los pacientes pueden interactuar con MedRemind a través de comandos sencillos, informando al sistema sobre sus medicamentos y horarios específicos. Por ejemplo, un usuario puede decir: «Necesito tomar aspirina todos los días a las 8 a. m. y 8 p. m.». MedRemind configura entonces recordatorios automáticos que alertan al usuario cuando es la hora de tomar su medicamento, mejorando de ese modo el cumplimiento del tratamiento y la gestión de la salud personal. La aplicación podría ofrecer funcionalidades adicionales, como el seguimiento del inventario de medicamentos, la información acerca de posibles interacciones entre medicamentos y una serie de consejos para manejar los efectos secundarios. La capacidad de ChatGPT 4 para procesar información compleja y generar recordatorios útiles la convierte en una herramienta ideal para esta aplicación.

Otra de las aplicaciones más exitosas de este asistente es el ser utilizado para **diseñar rutinas de entrenamiento personalizadas**, adaptándose a las necesidades específicas de cada usuario. Un usuario interesado en mejorar su condición física puede solicitar a ChatGPT 4 un **plan de ejercicios** que se ajuste a su nivel de experiencia, objetivos de fitness y cualquier restricción o preferencia personal. El usuario puede especificar detalles como: «Quiero una rutina de ejercicios que pueda hacer en casa, sin equipo, centrada en fuerza y flexibilidad». Basándose en esta información, ChatGPT 4 es capaz de crear un plan semanal de ejercicios, incluyendo una variedad de actividades como yoga, ejercicios de peso corporal y estiramientos.

Cada ejercicio en la rutina aparece con **instrucciones detalladas,** consejos para evitar lesiones y **sugerencias** para ajustar la intensidad. Esta personalización asegura que el usuario reciba un plan de ejercicios que no solo es efectivo, sino también seguro y agradable. En caso de que el usuario experimente dolor o molestias, ChatGPT 4 puede adaptar la rutina de ejercicios para acomodar estas circunstancias. De esta forma, si el usuario indica que tiene dolor de rodilla, 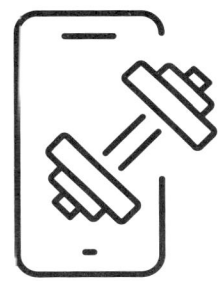 el asistente puede modificar la rutina para excluir ejercicios que pongan presión en las rodillas y sugerir alternativas de bajo impacto, como natación o ejercicios de brazos. Esta capacidad de adaptación asegura que la rutina de ejercicios siga siendo segura y efectiva, incluso cuando surgen imprevistos físicos.

ChatGPT 4, con su avanzada IA, ofrece una forma innovadora de mantenerse actualizado con las **noticias** a través de **resúmenes personalizados.** Utilizando algoritmos de procesamiento del lenguaje natural, ChatGPT 4 puede analizar y condensar información de diversas fuentes de noticias, proporcionando actualizaciones que están específicamente adaptadas a los intereses y preferencias del usuario.

Por ejemplo, si un usuario está particularmente interesado en tecnología y finanzas, ChatGPT 4 puede generar resúmenes diarios de noticias que se centren en los últimos desarrollos en estos campos, destacando avances tecnológicos, tendencias del mercado, y noticias de *start-ups* relevantes. Esto no solo ahorra tiempo al usuario, sino que también asegura que la información proporcionada sea directamente relevante y de interés.

El asistente, utilizando su capacidad de procesamiento de datos y acceso directo a varias fuentes de noticias, **compilaría y sintetizaría información** relevante para presentar el resultado en un formato de resumen. Por supuesto, este resumen se personalizaría según las preferencias indicadas, y podría ser enviado al usuario a través de un canal de comunicación preferido, como puede ser el correo electrónico o el mensaje directo.

ChatGPT 4 ya puede realizar búsquedas en el buscador Bing, de Microsoft. Este añadido puede servir para ofrecer un **sistema de comparación de noticias** y ver cómo diversos medios las han tratado, lo que ayuda a proporcionar una visión más equilibrada y completa de los acontecimientos actuales. Estas actualizaciones personalizadas de noticias alteran la forma en que los usuarios reciben y procesan la información, haciéndola más eficiente y adaptada a sus necesidades específicas.

• •

5 APLICACIONES DE NOTICIAS BASADAS EN IA.

CHATGPT 4: Aquí tienes cinco aplicaciones de noticias que utilizan inteligencia artificial:

1. **SmartNews.** Utiliza algoritmos de IA para clasificar noticias de múltiples fuentes, proporcionando a los usuarios una variedad de perspectivas.

2. **Upday.** Esta app selecciona noticias basándose en los intereses del usuario, combinando la selección editorial con la personalización impulsada por IA.

3. **News360.** Personaliza el *feed* de noticias para cada usuario, aprendiendo de sus hábitos de lectura y preferencias para proporcionar contenido relevante.

4. **Flipboard.** Con su función «Smart Magazines», Flipboard usa IA para crear contenido basado en los intereses y actividades del usuario.

5. **Reuters News.** Emplea la IA para descubrir tendencias y patrones en las noticias, mejorando la rapidez y precisión de sus reportes.

Semejantes aplicaciones muestran cómo la IA se puede emplear a fin de personalizar la experiencia de consumo de noticias y proporcionar contenido relevante y diverso a los usuarios.

Este asistente también se presenta como una herramienta revolucionaria en el ámbito de **la búsqueda de empleo,** ofreciendo asistencia invaluable en la redacción de currículos y cartas de presentación, así como en el desarrollo de habilidades clave en recursos humanos. Para la **creación de un currículum,** ChatGPT 4 puede guiar al usuario en la selección de la estructura adecuada, la formulación de descripciones de experiencias laborales y la inclusión de palabras clave relevantes para el sector. Además, puede ayudar a personalizar la **carta de presentación,** asegurando que destaque las habilidades y experiencias del usuario de manera que resuene en los posibles empleadores. Basta preguntar al asistente qué elementos son los aspectos clave de este tipo de cartas para que conteste «Personalización: adapta la carta para cada empleador. Claridad y concisión: sé directo y enfócate en lo más relevante. Evidencia: proporciona ejemplos específicos de tus logros y experiencias. Enfoque en la empresa: muestra cómo puedes aportar valor al empleador. Profesionalidad: mantén un tono formal y revisa la ortografía y gramática».

En cuanto a la preparación para **entrevistas de trabajo,** ChatGPT 4 es capaz de simular entrevistas, proporcionando preguntas comunes y consejos para responder de manera efectiva. Igualmente, puede ofrecer orientación a propósito de estrategias de negociación salarial y consejos para el desarrollo profesional continuo.

Las labores como preparador y soporte de las nuevas funcionalidades de ChatGPT 4 muestran el camino del desarrollo futuro de este tipo de asistentes. Entre las más utilizadas desde su presentación se encuentra el asistente creado específicamente para **mejorar las capacidades de negociación** de los usuarios. Este chat se denomina El Negociador y su propósito es proporcionar una combinación única de simulación, consejo y retroalimentación adaptada al arte y la ciencia de la negociación.

El rol de **El Negociador** es guiar a los usuarios en el dominio de técnicas de negociación, ya sea que se estén preparando para un negocio comercial, una discusión salarial u otros escenarios donde la negociación sea fundamental. Este asistente también tiene la capacidad de simular una amplia gama de escenarios desde transacciones simples hasta negociaciones complejas con múltiples partes involucradas. A través de sus **simulaciones,** los usuarios pueden practicar sus habilidades en un entorno seguro y sin riesgos. Este sistema también proporciona información sobre diversas estrategias de negociación, incluyendo la comprensión de sus diferentes estilos, el reconocimiento y la respuesta a tácticas, y la adquisición de habilidades para leer e influir en la contraparte. Después de llevar a cabo una simulación o discusión de una negociación teórica, el asistente proporciona una retroalimentación constructiva. Esta aplicación de ChatGPT 4 personaliza sus consejos en función de los detalles de la situación del usuario, como el contexto de la negociación, los objetivos y las dinámicas involucradas.

Laundry Buddy es otro de los chats específicos creado por OpenAI para ChatGPT. Se trata de un asistente personal para todo lo relacionado con **el cuidado de la ropa.** Ha sido creado para ser un experto en lavandería, ofreciendo consejos personalizados acerca de la eliminación de manchas de todo tipo, con remedios que van desde lo casero a la utilización de productos específicos. También ayuda con la configuración de los programas de lavadora y en cómo clasificar la ropa para obtener los mejores resultados de limpieza. Pero sus capacidades le permiten asimismo entender y responder a una amplia gama de consultas relacionadas con la lavandería. Una de sus aplicaciones más útiles es la de entender todo tipo de **etiquetas de la ropa,** interpretándolas en varios idiomas, para lo que basta con tomar una fotografía de la etiqueta y subirla al chat de Laundry Buddy.

· ·

LAUNDRY BUDDY.

    - **USUARIO:** esta es la fotografía de la etiqueta del último jersey que me compré en internet. El texto está en japonés, ¿puedes ayudarme?

- **LAUNDRY BUDDY:** para cuidar adecuadamente esta prenda, aquí tienes algunos consejos basados en la información proporcionada en la etiqueta:

Qué puedes hacer:

- Utiliza un detergente para lana o seda al lavar esta prenda.

- Lava la prenda por separado para evitar que los colores se mezclen o se transfieran.

- Si es necesario eliminar las bolitas de la tela, usa una maquinilla de afeitar para tela o recórtalas cuidadosamente con tijeras.

Qué NO debes hacer:

- No dejes la prenda en remojo.

- Evita la fricción excesiva, como la que puede ser causada por bolsos o cinturones, ya que esto puede provocar más bolitas.

- No uses acciones de limpieza que puedan ser demasiado agresivas y que podrían dañar la prenda.

Siguiendo estos pasos, ayudarás a mantener tu prenda en buen estado durante más tiempo.

Coloring Book Hero es una versión especializada de ChatGPT diseñada específicamente para **crear páginas de libros para colorear**. Fue desarrollado utilizando técnicas avanzadas de inteligencia artificial y aprendizaje automático y se encuentra específicamente entrenado para generar imágenes en blanco y negro adecuadas para colorear, especialmente dirigidas a niños de edad escolar.

La principal función de Coloring Book Hero es **transformar las ideas** y solicitudes de los usuarios en dibujos sencillos y atractivos que pueden ser coloreados. Estos dibujos se caracterizan por tener contornos en blanco y negro con un nivel de complejidad bajo, lo que garantiza que sean adecuados y fáciles de colorear para los niños. El diseño se centra en mantener siempre temas apropiados para niños y asegura que el contenido sea seguro y amigable, bloqueando imágenes para adultos o violentas.

La sencillez de los dibujos que crea no debe llevar a engaño con respecto al enorme avance tecnológico que Coloring Book Hero simboliza, porque la creación de estas imágenes implica una combinación de técnicas de procesamiento de lenguaje natural y generación de imágenes. Estas tecnologías permiten al asistente de ChatGPT 4 comprender las solicitudes de los usuarios en texto y convertirlas en imágenes detalladas. El proceso comienza con la interpretación de la solicitud del usuario, seguido por **la creación de una descripción detallada** que se traduce en una imagen en blanco y negro. Una característica importante de su funcionamiento es su capacidad para ajustar y personalizar las imágenes según las solicitudes específicas de los usuarios. Ello implica la capacidad de modificar un dibujo existente o crear uno completamente nuevo **basado en las instrucciones** proporcionadas por el usuario. El chat también ha sido programado para mantener siempre un enfoque diverso e inclusivo en sus creaciones, representando diferentes personajes y escenarios de manera equitativa.

Esta herramienta es muy útil para las personas que tratan con niños y dedican incontable cantidad de tiempo a rastrear por internet en busca de imágenes para colorear, teniendo que lidiar con problemas como encontrar una y otra vez los mismos recursos, o tener que preocuparse por los derechos de autor. Pero también ofrece una **experiencia única y creativa** para los niños, permitiéndoles explorar su creatividad a la hora de indicar qué objetos, personajes o situaciones quieren que se incluya en el dibujo, y viendo cómo su imaginación tiene una plasmación directa en una imagen.

Estos ejemplos son solo una pequeña muestra de lo que ChatGPT 4 nos ofrece cada día y nos adelanta una realidad que pronto formará parte de nuestra vida.

UNA CAPACIDAD INFINITA DE CREACIÓN Y FANTASÍA.

- **USUARIO:** Mi hija ayer soñó con un conejito que perseguía mariposas en la isla de la sirenita. ¿Puedes representarlo para que lo coloree?

- **COLORING BOOK HERO:**¡ Por supuesto! Aquí tienes la imagen.

LOS DESAFÍOS DE LA IA: ¿Y AHORA QUÉ PUEDE PASAR? ¿CUÁLES SON SUS LÍMITES?

LOS PELIGROS DE LA IA

El mundo de la inteligencia artificial ha traído consigo un abanico de oportunidades y soluciones a problemas que anteriormente se consideraban insuperables. Desde diagnósticos médicos precisos y predicciones meteorológicas avanzadas hasta asistentes virtuales y coches autónomos. El auge de la IA no ha sido simplemente el resultado de avances técnicos, sino que también ha sido impulsado por un entusiasmo generalizado por sus posibilidades. Las empresas ven potencial en la optimización de procesos, los gobiernos en la eficiencia administrativa y los individuos en la comodidad y personalización. Pero es justamente este rápido avance y adopción lo que puede hacer que se pasen por alto cuestiones cruciales relacionadas con **la ética, la privacidad, la seguridad y el impacto socioeconómico.**

Algunos de estos retos y preocupaciones no son del todo nuevos y reflejan dilemas éticos y filosóficos que la humanidad ha enfrentado con otras tecnologías. Pero lo que distingue a la IA es su capacidad inherente de **aprender, decidir y actuar** de maneras que pueden ser incomprensibles o inesperadas para sus creadores. Esta **autonomía,** aunque limitada, plantea preguntas sobre la asunción de responsabilidades y el control. ¿Quién es responsable cuando una IA comete un error? ¿Cómo se garantiza que las decisiones tomadas por estas máquinas reflejen valores humanos y éticos? Y quizás más importante, ¿cómo se puede alcanzar un equilibrio ante el deseo de innovar y avanzar tecnológicamente y la responsabilidad de proteger y servir al bienestar colectivo?

LOS DESAFÍOS ÉTICOS: SESGOS, RESPONSABILIDAD Y DECISIONES AUTOMATIZADAS

La inteligencia artificial, como ya se ha visto, tiene como uno de sus pilares fundamentales la ingente cantidad de datos que trata para afinar sus sistemas y aprender por sí misma. Por esta razón, uno de los principales desafíos éticos a los que la IA se enfrenta casi desde su origen está en el ámbito del sesgo.

Los algoritmos, al ser entrenados con grandes conjuntos de datos, pueden perpetuar o incluso amplificar las **desigualdades y prejuicios** existentes en esos datos. Estos sesgos pueden surgir de diversas fuentes, como la falta de diversidad en los datos de entrenamiento o las elecciones inadvertidas realizadas por los diseñadores del algoritmo. El resultado es que las decisiones automatizadas basadas en estos sistemas pueden ser injustamente discriminatorias.

Existe una gran cantidad de casos en los que **el sesgo** ha afectado negativamente a una aplicación basada en la AI. Un ejemplo paradigmático de los problemas con el sesgo fue el caso documentado por ProPublica en 2016, donde un *software* utilizado para predecir futuros delincuentes demostró un claro sesgo racial. El programa, denominado COMPAS, mostró una tendencia a etiquetar falsamente a los

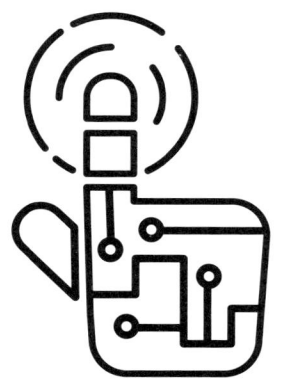

ciudadanos con la piel más oscura como posibles reincidentes en una proporción significativamente más alta que a los ciudadanos de piel más clara. Estas predicciones influyeron en decisiones judiciales reales y tuvieron implicaciones profundas en vidas humanas.

Este tipo de ejemplo no es una mera anomalía, sino que es reflejo de un **problema sistémico.** Kate Crawford (1974), investigadora y autora de numerosos materiales de estudio en el ámbito de la IA, ha indicado que los algoritmos, lejos de ser entidades abstractas y objetivas, son «incrustaciones materializadas de prioridades, normas y valores», por lo que los algoritmos no solo procesan datos, sino que también están moldeados por el contexto humano en el que se desarrollan y se utilizan. Es esencial comprender que el sesgo en la IA no es meramente un defecto técnico que puede corregirse con más datos o algoritmos más sofisticados. Es un desafío porque en realidad es **un problema intrínsecamente humano** y social que exige una reflexión multidisciplinaria. La IA, en este sentido, actúa como un espejo, reflejando las complejidades, desigualdades y prejuicios de la sociedad vigente.

En el ámbito de la inteligencia artificial, la cuestión de quién o qué es responsable de las decisiones tomadas por los sistemas autónomos se está erigiendo como uno de los principales retos y desafíos a abordar, puesto que la tecnología ha avanzado a pasos agigantados, pero las estructuras éticas y legales aún intentan adaptarse a este nuevo paradigma.

Existen numerosos ejemplos sobre el desafío de **la responsabilidad.** El más paradigmático es el de los vehículos autónomos. Cuando un automóvil conduce solo y se ve involucrado en un accidente, la pregunta sobre quién es el responsable no tiene una respuesta sencilla. Es un problema que ha sido objeto de debate en diversos foros y publicaciones académicas. Wendell Wallach (1946) reflejó en su libro *Moral Machines* que las decisiones tomadas por **máquinas autónomas**  pueden llevar a una «laguna de responsabilidad» donde es difícil asignar la culpabilidad a una entidad específica. Si un coche autónomo atropella a un peatón, ¿el responsable es el fabricante del coche, el programador del algoritmo o el dueño del vehículo? Ante estos hechos todavía no existe una respuesta legal clara. Legiones de abogados pleitean en la actualidad en varios países para poder alcanzar veredictos que eximan a los fabricantes, los creadores del *software* e incluso a los programadores de la aplicación concreta que llegó a fallar en el momento del accidente.

Otro escenario de la máxima relevancia en lo concerniente a la responsabilidad surge con el creciente uso de IA en decisiones médicas. Si un sistema de IA empleado para diagnosticar enfermedades comete un error que resulta en un tratamiento incorrecto, o en el deterioro de un paciente, ¿quién lleva la carga de la responsabilidad? Estos dilemas han sido analizados por autores como Gary Marcus (1972), quien en sus textos destaca la importancia de contar con un marco claro y una comprensión profunda de la interacción entre la IA y la toma de decisiones humanas.

A medida que la inteligencia artificial se integra cada vez más en la vida cotidiana, determinar la responsabilidad en las decisiones de la IA no es solo una **cuestión teórica,** sino una necesidad imperante para mantener la confianza en estas tecnologías y asegurar que actúen en beneficio de la sociedad. Por eso muchas de las propuestas de solución al desafío de la responsabilidad comienzan a llegar desde el ámbito de la **filosofía.** Daniel C. Dennett (1942) ha sostenido que es fundamental determinar la naturaleza y el grado de responsabilidad que las máquinas pueden o deben tener. Para Dennett no se puede atribuir a las máquinas la misma responsabilidad moral que a los humanos, pero eso no exime a los creadores y usuarios de estas de su responsabilidad ética.

Un tercer desafío apremia de manera urgente a **la redefinición ética** de algunos aspectos de la inteligencia artificial. El creciente grado de decisiones que se toman automáticamente, a menudo sin intervención humana, tiene ramificaciones profundas, tanto prácticas como filosóficas. El delegar acciones y decisiones a los algoritmos y sistemas autónomos puede tener enormes beneficios como la eficiencia, la precisión y la consistencia; pero igualmente presenta desafíos y dilemas significativos.

En el **ámbito financiero** la automatización ha permitido realizar transacciones a velocidades inimaginables hace tan solo unas décadas. Pero esta eficiencia también ha introducido una nueva forma de volatilidad. Sin la intervención humana, los algoritmos de *trading* pueden interactuar entre sí de maneras no previstas, provocando fluctuaciones del mercado extremadamente rápidas. Estos súbitos cambios, a menudo fuera del alcance de la comprensión humana inmediata, pueden resultar en desafíos para los reguladores y otros actores del mercado que intentan mantener un entorno estable y justo. Según diversas estimaciones, hoy en día más del 70 % de las operaciones bursátiles en mercados desarrollados son realizadas por algoritmos, no por seres humanos. Esto ha aportado **eficiencia y velocidad** al *trading*, pero también ha traído consigo **episodios de volatilidad** extrema como el *flash crash* de 2010, cuando los mercados de EE. UU. sufrieron una brusca caída y recuperación en cuestión de minutos debido a interacciones complejas entre algoritmos de *trading*, que no habían sido ni ordenadas, ni fueron comprendidas, por los humanos que gestionaban el mercado.

Otro ámbito de preocupación es **la medicina.** Tal y como hemos visto, los sistemas de IA ahora pueden diagnosticar enfermedades con una precisión que a menudo supera a la de los médicos humanos. Pero como señaló el experto en ética de la tecnología Wendell Wallach (1946), «al confiar demasiado en las máquinas, corremos el riesgo de **deshumanizar** el cuidado de la salud y de perder la intuición y el juicio experto que solo puede provenir de la experiencia humana», porque un médico no solo diagnostica y prescribe basándose en datos objetivos; también interpreta señales sutiles, se comunica con el paciente y considera el contexto más amplio de la vida de un individuo.

Este desafío sobre el poner en manos de la IA decisiones humanas es al final un desafío ético crucial. El filósofo y matemático Alfred North Whitehead (1861-1947) ha indicado que «La civilización avanza al aumentar el número de operaciones importantes que podemos realizar sin pensar en ellas» pero el auge de las decisiones automatizadas por IA exige un **cuidadoso equilibrio.** Es vital garantizar que, al delegar responsabilidades a las máquinas, no se descuide la necesidad de supervisión, comprensión y control humano. La interacción entre seres humanos y máquinas ha de ser una colaboración, no una cesión completa de autoridad.

PRIVACIDAD Y MANIPULACIÓN: DEL CONTROL SOCIAL A LAS *FAKE NEWS*

La privacidad de los datos en el contexto de las aplicaciones basadas en la inteligencia artificial constituye uno de los temas de mayor preocupación en la sociedad actual. A medida que la IA se ha vuelto más avanzada y omnipresente, la cantidad de **datos personales** que se recopilan, almacenan y analizan ha aumentado exponencialmente. Estos datos, que abarcan desde detalles demográficos hasta preferencias de compra e historiales médicos, se han convertido en una mina de oro para las empresas y organizaciones que buscan obtener ventajas competitivas y ofrecer experiencias personalizadas a sus usuarios. Empero, esta recopilación masiva de información también ha abierto la puerta a potenciales abusos y vulnerabilidades en relación con la privacidad.

Un aspecto crucial es **cómo y dónde se almacenan** tales datos. Incluso con medidas de seguridad robustas, no existe un sistema completamente infalible. Las **brechas de datos,** a través de las cuales se expone información sensible a causa de fallos de seguridad o ataques cibernéticos, se han vuelto demasiado habituales. Los usuarios, a menudo sin saberlo, pueden ver comprometida su información personal, con riesgos que van desde el **fraude** y el **robo de identidad** hasta el chantaje. Por esta razón la regulación se ha convertido en un punto central de este debate. En respuesta a estas preocupaciones, regiones como la Unión Europea han implementado normas como el Reglamento General de Protección de Datos (GDPR), que busca dar a los ciudadanos mayor control sobre sus datos personales y cómo estos son utilizados. **Garantizar la privacidad** en la era de la IA es un desafío en constante evolución, que requiere una combinación de regulación, innovación tecnológica y educación del usuario.

Los sistemas de vigilancia potenciados por la IA, como el reconocimiento facial, han transformado la naturaleza misma de la vigilancia. Tradicionalmente esta acción se llevaba a cabo por seres humanos y estaba limitada por sus propias capacidades. Hoy en día, con la IA, es posible rastrear, identificar y monitorizar a millones de personas simultáneamente. Estos sistemas no solo identifican a individuos, sino que también pueden analizar patrones de comportamiento, predecir acciones futuras e incluso determinar estados emocionales a través de microexpresiones.

Un caso paradigmático que ilustra la magnitud y las ramificaciones de la vigilancia basada en IA es el **sistema de crédito social de China.** Implementado en varias regiones del país, este sistema asigna puntuaciones a ciudadanos basándose en su comportamiento y sus actividades diarias. Desde realizar un cruce indebido en una calle, tener un mal comportamiento en un tren de alta velocidad, o no pagar el *ticket* del autobús o hasta las publicaciones en redes sociales, cada acción puede influir en la puntuación de una persona. Aquellos con una puntuación más baja pueden enfrentar sanciones que van desde la denegación de becas, o cambios en sus servicios básicos, hasta restricciones en sus viajes. Lo que hace que este sistema sea particularmente **invasivo** es su dependencia de una vasta red de cámaras y algoritmos de reconocimiento facial para monitorizar a los ciudadanos en tiempo real.

En el ámbito internacional han tenido lugar también diversos escándalos relacionados con empresas que proporcionan tecnologías de vigilancia a gobiernos y entidades privadas. Entre todos destaca, por sus ramificaciones políticas, la controversia en torno a la empresa israelí NSO Group y su ***software* espía Pegasus.** El escándalo sacó a la luz cómo herramientas de vigilancia sofisticadas eran utilizadas no solo por gobiernos, sino también por actores malintencionados para espiar a periodistas, activistas y líderes políticos.

El peligro inherente en la proliferación de tecnologías de vigilancia basadas en IA no se limita simplemente a la invasión de la privacidad. La capacidad de monitorizar y, por extensión, controlar a grandes segmentos de la población, puede ser una herramienta poderosa en manos de **gobiernos autoritarios.** El riesgo de que se utilice para reprimir la disidencia, controlar a minorías y consolidar el poder es real y palpable y crea, hoy en día, las bases para sociedades basadas en el control social a través de las nuevas tecnologías.

En la confluencia de la tecnología y la comunicación social, la inteligencia artificial ha dado lugar a potentes herramientas que, si se utilizan inapropiadamente, tienen el potencial de **desdibujar la línea entre la realidad y la ficción.** Uno de los fenómenos más inquietantes de esta intersección es la proliferación de las *fake news* y, más específicamente, las *deepfakes*.

Las *fake news*, o noticias falsas, no son un fenómeno nuevo y han estado presentes a lo largo de toda la historia. El problema actual radica en que la IA ha

potenciado su creación y diseminación. En la actualidad, algunos algoritmos diseñados para captar y mantener la atención de los usuarios en plataformas de redes
sociales y sitios web de noticias pueden **priorizar contenidos sensacionalistas**
o simplemente falsos, porque estos suelen generar mayores niveles de interacción. Este fenómeno puede ser exacerbado por **bots,** programas automatizados
que amplifican ciertos contenidos mediante *likes*, compartidos y comentarios,
manipulando la percepción de popularidad o legitimidad de una noticia.

Pero más allá de la mera difusión de información falsa, la IA ha permitido la
creación de **deepfakes.** Estas son representaciones audiovisuales manipuladas
que utilizan técnicas de aprendizaje profundo para crear vídeos o audios que parecen reales, pero que presentan eventos o declaraciones que nunca ocurrieron. El
realismo de estos *deepfakes* puede hacer que incluso el ojo más crítico los consi-
dere auténticos. Un ejemplo de la potencia de estas herramientas es su utilización
para devolver a la vida a actores fallecidos, como en el caso de Paul Walker (1973-
2013) en *Fast & Furious* o Peter Cushing (1913 -1994) en *Star Wars: Rogue One*.

Esta **capacidad de alterar la realidad** tiene implicaciones profundas. Puede
ser utilizada para difamar a figuras públicas, como ocurrió con un vídeo que en el
año 2019 se hizo viral acerca de la dirigente política norteamericana Nancy Pelosi
(1943), en el que bastó alterar la velocidad de reproducción para que pareciera
que se encontraba intoxicada por los efectos del alcohol. También han sido utilizados **para desacreditar** a periodistas o incluso alterar la percepción pública en
torno a eventos de actualidad. En el ámbito político, una sola noticia falsa o un
video *deepfake* viral puede tener repercusiones en elecciones, políticas públicas o
relaciones internacionales. Pero por desgracia esta tecnología también se utiliza
para invadir y falsear el ámbito de la más estricta intimidad personal. Son incontables los casos de **deepfakes pornográficos** realizados a personajes famosos,
pero cada vez es más habitual encontrarlos entre personajes anónimos para causar daño tras una ruptura, o ridiculizar a alguien en un determinado ámbito.

Varios de los desafíos que se acaban de analizar: almacenamiento indiscrimi-
nado de datos y su venta, límites de la privacidad, alteración intencionada de la
realidad, etc., han dado lugar a que la **manipulación de la opinión pública** se
haya convertido en la principal amenaza para la estabilidad social y la salud de-

mocrática de decenas de países debido a la escala que puede adquirir con el uso de la inteligencia artificial.

En la era digital actual pocos escándalos han resonado tan profundamente en el ámbito de la privacidad y la ética en la tecnología como **el caso de Cambridge Analytica.** Este incidente es el perfecto ejemplo de los desafíos a los que se enfrenta el mal uso de la inteligencia artificial y sus aplicaciones; es una clara muestra de cómo la combinación de la IA, el almacenamiento masivo de datos y las técnicas avanzadas de análisis se pueden usar no solo para fines comerciales, sino también para influir y manipular a la opinión pública a niveles hasta ahora desconocidos.

Cambridge Analytica, una empresa de consultoría política con sede en el Reino Unido, se vio envuelta en un gran escándalo cuando en el año 2018 se reveló que había accedido indebidamente a los datos de aproximadamente 87 millones de usuarios de Facebook. Lo más alarmante de esta situación no fue solo el **acceso no autorizado** a la información, sino cómo se utilizó después dcha información. A través de una aplicación de cuestionario, de las que muestran tantas veces una cara amable y divertida en las encuestas que aparecen en los perfiles de redes sociales, la empresa recopiló datos de los usuarios que directamente interactuaron con ella, además de sus contactos, creando así una vasta red de perfiles.

Una vez en posesión de esta gran cantidad de datos, Cambridge Analytica utilizó técnicas de análisis avanzadas y algoritmos de inteligencia artificial para crear **perfiles detallados** de votantes. Estos perfiles, que incuían predicciones sobre las inclinaciones políticas, temores, esperanzas y comportamientos de los usuarios, se convirtieron en una potente herramienta para diseñar **campañas publicitarias microsegmentadas.** El objetivo era claro: influir en la opinión pública y, potencialmente, en los resultados de las elecciones. El alcance y la precisión con los que se pudieron dirigir estos mensajes a individuos específicos puso de manifiesto el poder y el potencial de la IA cuando se combina con grandes conjuntos de datos. A diferencia de las campañas publicitarias tradicionales, que se transmiten de manera uniforme a grandes audiencias, las herramientas basadas en IA permitieron a Cambridge Analytica dirigirse a individuos de forma personalizada, apuntando a sus propias creencias y emociones para maximizar el impacto.

El escándalo de Cambridge Analytica **generó un debate global** acerca de la ética de la recopilación y el uso de datos. Si bien la inteligencia artificial, por sí sola, es una herramienta neutral, su aplicación en contextos como este resalta los riesgos inherentes en su mal uso. La capacidad de influir en la opinión pública, de manipular democracias y de erosionar la privacidad individual se convierte en una posibilidad real cuando se abusa de la combinación de IA y datos.

Pese a haber puesto el foco en los problemas y desafíos que ya genera la aplicación de la inteligencia artificial, es importante señalar que no todo es pesimismo a su alrededor. A medida que avanzan las tecnologías de manipulación, también lo hacen las **herramientas de detección.** Investigadores y empresas tecnológicas trabajan arduamente en métodos para identificar y etiquetar *deepfakes* y noticias falsas.

EL IMPACTO DE LA IA EN EL MERCADO LABORAL

La irrupción de la inteligencia artificial en diversos sectores ha generado una serie de transformaciones en el mercado laboral provocando tanto optimismo como preocupación. Mientras que algunos ven en la IA una herramienta que puede aumentar la productividad y crear nuevos campos de empleo, otros advierten sobre el potencial desplazamiento masivo de trabajadores al desempleo o la reconversión, debido a la **automatización.**

A lo largo de la historia, toda revolución tecnológica ha llevado aparejada una **reconfiguración del trabajo** y los modelos productivos sobre los que se asentaba esa sociedad. La Revolución Industrial desplazó a artesanos y agricultores, pero también generó nuevas profesiones y oportunidades en fábricas y en sectores emergentes. La principal preocupación hoy en día se debe a que la velocidad y la escala con las que la IA puede influir en el trabajo contemporáneo no tiene precedentes. Las capacidades de aprendizaje automático, procesamiento y toma de decisiones de la IA hacen que no solo los trabajos repetitivos estén en riesgo, sino también aquellos que requieren cierto nivel de especialización.

El impacto de la inteligencia artificial en el mercado laboral ha sido objeto de numerosos estudios y análisis en la última década. Las conclusiones, aunque variadas, tienden a converger en un punto común: se está al borde de una transformación laboral significativa impulsada por la automatización y la IA.

El **Future of Jobs Report** del Foro Económico Mundial arroja luz sobre esta transformación. Sugiere que, para 2028, las máquinas podrían asumir más del 50 % de las tareas laborales actuales. Esta perspectiva podría hacer temer a muchos una tasa de desempleo masivo, pero la realidad es más compleja. El mismo informe sugiere que, aunque ciertos roles laborales desaparecerán debido a esta transición, se crearán nuevos puestos de trabajo en otros sectores. Se estima que la robótica y la inteligencia artificial tendrán el potencial de crear hasta 133 millones de **nuevos puestos de trabajo,** superando con creces los 75 millones de trabajos que podrían perderse. En paralelo a este trabajo, el McKinsey Global Institute proporcionó un análisis exhaustivo en el año 2017, indicando que entre 400 y 800 millones de trabajadores a nivel mundial podrían enfrentarse, durante la siguiente década, a perder su puesto de trabajo debido a la automatización de tareas que antes eran la base de su empleo. El estudio cuantificó también que hasta un tercio de las horas laborales actuales en ciertos sectores podrían ser automatizadas.

Hoy en día ya se pueden ver ejemplos concretos de esta transición. **Las fábricas** ya han incorporado la automatización en muchas de sus operaciones. Corea del Sur, según la Federación Internacional de Robótica, ostenta el liderazgo en densidad de robots, con 855 robots por cada 10 000 empleados en el año 2019. Este número contrasta notablemente con el promedio global del mismo año de 113 robots.

La relación con el cliente también está siendo redefinida por la inteligencia artificial. Los *chatbots* y sistemas de respuesta automática, cada vez más sofisticados, están empezando a hacer mella en el sector de los centros de atención al cliente. Datos de Gartner han contabilizado que, en el año 2022, un 70 % de las interacciones con clientes se basaron de alguna forma  en tecnología impulsada por IA. El estudio resulta más llamativo si se compara con el 15 % registrado en 2018.

En **el sector financiero** los analistas de inversión, quienes tradicionalmente pasaban horas revisando datos para hacer recomendaciones sobre acciones o bonos, ven cómo algoritmos avanzados pueden hacer gran parte de este análisis a una fracción del tiempo y, en muchos casos, con mayor precisión que ellos. Empresas como JPMorgan Chase han implementado sistemas, como su programa COIN, que automatiza la interpretación de acuerdos comerciales, una tarea que previamente consumía miles de horas humanas al año.

El transporte es otro sector en el punto de mira de la automatización. Las empresas de tecnología y automotrices están invirtiendo grandes cantidades de dinero en vehículos autónomos. Se estima que, una vez que estos vehículos sean plenamente funcionales y aceptados, millones de empleos de conductores, desde taxis hasta camiones de carga, podrían verse afectados, lo que hace que se perciba la IA como un adversario.

Ni siquiera sectores tradicionales como **la agricultura** son inmunes a esta ola de cambios. Por ejemplo, en Japón, la innovación llevó a la creación de una granja de lechugas casi completamente automatizada, prometiendo reducir el coste laboral hasta en un 50 %.

Todos los estudios reconocen igualmente que el riesgo laboral asociado con la automatización no se distribuye uniformemente. Un análisis de la OCDE sugiere que, en las naciones desarrolladas, los trabajos que requieren un **menor nivel educativo** enfrentan un riesgo mucho mayor de ser automatizados. Cerca del 40 % de los trabajos que requieren menos que una educación secundaria para su ejecución están en peligro, en contraste con solo el 5 % de aquellos que necesitan de un nivel de educación universitaria o más avanzado. Todos los datos apuntan a que la transición no será homogénea y que habrá sectores y regiones mucho más afectados que otros. Los trabajadores más vulnerables no solo serán aquellos que ofrezcan roles rutinarios, sino también aquellos que se encuentren en economías donde la reeducación y la recualificación sean limitadas. Ya se ha visto que las proyecciones sobre el impacto de la IA en el empleo varían, pero hay gran consenso en que la preparación, la adaptación y una **respuesta política proactiva** serán esenciales para navegar este cambiante panorama laboral.

LOS PELIGROS DE LA IA PARA LA SALUD MENTAL

La rápida incorporación de la inteligencia artificial en diversas facetas de la vida cotidiana ha generado un nuevo conjunto de preocupaciones relacionadas con el bienestar psicológico y la salud mental. El impacto de la IA en la mente humana y en el comportamiento social se extiende desde la forma en que se interactúa con la tecnología hasta las ramificaciones en la **percepción del yo y del mundo.**

Uno de los desafíos más evidentes es la **dependencia tecnológica.** A medida que las máquinas inteligentes asumen roles previamente realizados por humanos, es posible experimentar un deterioro gradual en ciertas habilidades. Un estudio de 2015, publicado en *Nature*, demostró que la dependencia de sistemas de navegación por GPS puede estar asociada con una menor actividad y volumen en el hipocampo, una región cerebral relacionada con la **memoria** y la **orientación espacial.** Del mismo modo, la confianza en asistentes virtuales para recordar fechas importantes o realizar tareas rutinarias podría atrofiar la memoria y las **habilidades de planificación.**

La omnipresencia de las redes sociales es otro desafío a considerar. Estas plataformas, potenciadas por algoritmos de IA diseñados para maximizar el tiempo que el usuario les dedica, tienen un impacto significativo en la salud mental.

En el año 2018, un informe de la American Academy of Pediatrics alertó sobre la llamada **«*Facebook depression*»,** una forma de depresión que resulta de la intensa interacción con redes sociales y la consiguiente **comparación social.** El término surgió en los primeros años de la revolución de las redes sociales, y se refiere a un deterioro de la salud mental derivado del uso intensivo y continuo de plataformas como Facebook. Aunque el nombre deriva específicamente de esta red social, el fenómeno puede extenderse a otras plataformas similares.

Su génesis se centra en la naturaleza de las interacciones en estas plataformas. Las redes sociales, en su diseño, fomentan la presentación de una **versión idealizada** de la vida de los usuarios. Las fotos de vacaciones, logros profesionales y eventos sociales se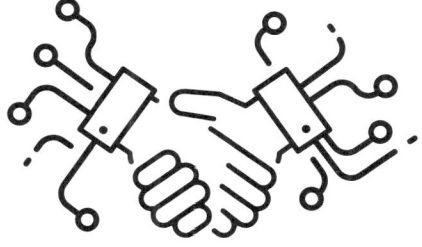

muestran a menudo en un flujo constante, lo que puede dar la impresión de que todos, excepto uno mismo, están llevando **vidas perfectas** y sin ningún tipo de problemas. Esta percepción puede ser particularmente intensa entre adolescentes y jóvenes adultos, quienes ya están navegando por las **complejidades de la identidad y la autoestima.**

El principal problema relacionado con la inteligencia artificial es que el algoritmo subyacente, en muchas plataformas de redes sociales, está diseñado con un objetivo primordial: mantener al usuario en la plataforma el mayor tiempo posible. Esta meta se logra optimizando el contenido que se muestra al usuario para aumentar su enganche, presentando una mezcla de contenidos virales, noticias, interacciones sociales y publicidad. Aunque a primera vista puede parecer inofensivo, este diseño basado en aplicaciones de inteligencia artificial ha demostrado tener implicaciones muy profundas en la estructura y naturaleza de las interacciones sociales de hoy en día.

El aislamiento social derivado del uso excesivo de redes sociales gracias al enganche producido por los algoritmos de IA es un fenómeno preocupante. A medida que las personas pasan más tiempo en línea, interactuando en un entorno virtual, las interacciones cara a cara en el mundo real pueden disminuir. Las redes sociales ofrecen, además, una **representación distorsionada de la realidad,**

donde la vida de los demás a menudo se muestra como un torrente constante de éxitos, aventuras y felicidad. Un estudio de 2019, publicado en la revista *JAMA Pediatrics*, encontró que, entre adolescentes estadounidenses, el uso elevado de redes sociales y televisión se asociaba con síntomas de depresión. En concreto, se llegó a contabilizar que por cada hora adicional de uso diario, había un incremento significativo en la puntuación de cuán severa era la depresión que sufría el joven paciente.

En el año 2017, investigadores de la Universidad de Pittsburgh descubrieron que aquellos que usaban redes sociales más de dos horas al día tenían el doble de probabilidades de sentirse aislados socialmente en comparación con aquellos que pasaban menos de media hora. El estudio también encontró que aquellos que visitaban redes sociales con más frecuencia, independientemente del tiempo total pasado en ellas, tenían asimismo un mayor riesgo de aislamiento social. Esta sensación de aislamiento puede ser especialmente acentuada cuando los usuarios se encuentran en los llamados **bucles de desplazamiento,** consumiendo contenido de manera pasiva durante horas, sin interactuar realmente o establecer conexiones significativas. Es una paradoja del mundo moderno: mientras que la tecnología ha permitido una conectividad sin precedentes, también puede contribuir a un sentimiento de desconexión y soledad.

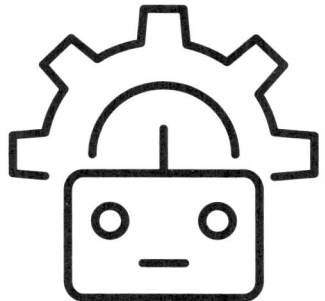

LAS ÚLTIMAS FRONTERAS DE LA IA

¿PUEDE LA IA SALIRSE DE CONTROL?

El interrogante acerca de si la inteligencia artificial puede salirse de control es una cuestión que ha inquietado a expertos, entusiastas y al público en general desde los inicios de esta disciplina. La proliferación y la penetración de la IA en la práctica totalidad de las áreas de la sociedad actual hacen que este tema sea aún más relevante y urgente.

La respuesta a la pregunta ha suscitado un fuerte debate éticc, teórico y hasta de programación concreta, pero el primer paso ha de ser definir y comprender qué significa exactamente que una IA se salga de control.

Esta jerga técnica puede referirse a un *software* que opera fuera de sus parámetros establecidos o de **una manera no prevista** por sus creadores. Como ocurrió en el *Flash crash* financiero de 2010, cuando un algoritmo causó cue el índice Dow Jones cayera 1000 puntos en cuestión de minutos debido a transacciones automatizadas no reguladas, mostrando cómo una IA operando en parámetros no previstos puede tener **consecuencias reales y devastadoras** en el mundo físico.

Los errores humanos en la programación y el diseño de la IA constituyen una causa común de malfuncionamiento. Estos errores pueden derivar de simples descuidos, falta de previsiones adecuadas o incluso de un entendimiento incompleto del dominio del problema que se intenta abordar. Un ejemplo de este último caso ocurrió en 2016 a Microsoft y su ***chatbot* Tay.** El programa se diseñó para interactuar y aprender de los usuarios en Twitter (hoy, X). No obstante, debido a la falta de salvaguardas adecuadas y de controles en su diseño, en menos de 24 horas, Tay comenzó a emitir respuestas ofensivas e inapropiadas, aprendidas de interacciones con usuarios que buscaban manipular su comportamiento. Esto no solo fue un revés publicitario para Microsoft, sino también una demostración de cómo una IA mal diseñada puede actuar de maneras no deseadas en el mundo real.

Más allá de los errores de diseño, la creciente autonomía de los sistemas de IA presenta desafíos adicionales. Un **sistema autónomo** es aquel que puede tomar decisiones y actuar en el mundo real sin intervención humana directa. Los vehículos autónomos son un claro ejemplo de esto. Aunque tienen el potencial de reducir significativamente los accidentes de tráfico, también plantean interrogantes éticos y técnicos. ¿Cómo debería reaccionar un coche autónomo ante un obstáculo imprevisto? ¿Debería priorizar la seguridad del pasajero sobre la de los peatones? Estas cuestiones no son meramente hipotéticas. En el año 2018 un vehículo autónomo de Uber estuvo involucrado en un accidente que resultó en la muerte de un peatón en Arizona. Aunque la investigación reveló una serie de factores que contribuyeron al accidente, el incidente resalta la importancia de diseñar y probar exhaustivamente sistemas autónomos antes de su despliegue en entornos no controlados.

Pero, además de los errores de programación o los fallos de los sistemas autónomos, la idea de salirse de control, con respecto a la IA, ha venido marcada en los últimos años por la llamada **explosión de inteligencia.** Un concepto, de vital importancia en los debates sobre el futuro de la inteligencia artificial, que se refiere a la idea de que si una máquina alcanza cierto nivel de inteligencia, especialmente una inteligencia a la par o superior a la humana, podría ser **capaz de mejorarse a sí misma** a un ritmo exponencial.

Esta capacidad de automejora daría lugar a una **entidad superinteligente** en un período de tiempo sorprendentemente corto, una entidad que superaría ampliamente la inteligencia humana en todos los campos. En 1965, el matemático británico I. J. Good (1916-2009) fue uno de los primeros en articular esta idea, proponiendo que «una máquina ultrainteligente sería la última invención que el hombre necesitaría hacer», ya que tales máquinas podrían asumir el papel de innovadoras, superando con creces nuestra capacidad de inventiva.

El razonamiento detrás de este concepto es bastante directo: si una máquina tiene la inteligencia y capacidad de aprender y modificar su propio código o estructura, puede realizar mejoras en sí misma. A medida que se vuelve más inteligente, estas mejoras se realizarán a un ritmo más rápido. Esta **retroalimentación positiva** podría llevar a una aceleración en su desarrollo, donde cada nueva versión es significativamente más avanzada que la anterior. Un ejemplo concreto, aunque hipotético, sería una IA dedicada a la investigación en ciencias de la computación. Al principio, podría hacer descubrimientos al mismo ritmo que un investigador humano. Sin embargo, a medida que optimizase su capacidad de investigación y comprensión, podría empezar a hacer descubrimientos más rápidamente, aplicando esos descubrimientos a su propia estructura, y acelerando aún más el proceso.

Este concepto plantea un desafío y una serie de preguntas para la humanidad. Si tal escenario fuera posible, ¿cómo se podría garantizar que una superinteligencia actuase en beneficio de la humanidad y no en su detrimento? El filósofo sueco Nick Bostrom (1973), conocido por su trabajo en la ética de la inteligencia artificial, ha abordado esta cuestión en su libro *Superinteligencia* (2014), donde explora las trayectorias potenciales y los desafíos de coexistir con una entidad de esta naturaleza. Aunque el concepto de la explosión de inteligencia sigue siendo un concepto teórico, no hay garantías de que una IA no pueda mejorarse a sí misma de manera indefinida, y para ello el autor hace una llamada a la reflexión sobre cómo diseñar, guiar y, si es necesario, **limitar las capacidades** de estas entidades antes de que alcancen un punto de no retorno.

Ante estos retos y desafíos surgen diversas preguntas: ¿qué se puede hacer para evitar que la IA se salga de control? ¿Cómo hay que prepararse para garantizar que estos sistemas no se salgan de control?

Desde sus inicios, el desarrollo de la IA ha sido comparado con el **mito de Pandora:** una vez abierta la caja, es difícil, si no imposible, volver a encerrar lo que se ha liberado. Conscientes de esta realidad, tanto investigadores como ingenieros han estado trabajando en estrategias y técnicas para garantizar la seguridad de la IA.

Una de las técnicas propuestas es el **apagado seguro,** que consiste en programar a la IA para que acepte y no interfiera con un mecanismo de apagado. Google's DeepMind, en colaboración con la Future of Humanity Institute, ha investigado sobre este concepto. Así, en el supuesto de un robot doméstico que aprende a mejorar su rendimiento en la limpieza, si dicho robot está programado correctamente, deberá permitir que un humano lo apague sin resistencia, incluso si el acto de apagarse interrumpe su tarea.

Otro enfoque es el aprendizaje por **refuerzo de inversión,** donde el sistema de IA aprende comportamientos a partir de la observación de humanos. Esta técnica puede ayudar a garantizar que los sistemas de IA adopten valores y objetivos alineados con los humanos al imitar comportamientos deseables.

La transparencia en el diseño y funcionamiento de las aplicaciones de inteligencia artificial es otro pilar fundamental. Saber cómo y por qué un sistema de IA toma decisiones permite una supervisión más efectiva. OpenAI, creadora de Chat-GPT, se ha comprometido a investigar cómo hacer que la IA sea comprensible para los humanos, con el objetivo de garantizar sistemas transparentes y auditables.

Pero, según avanza el desarrollo de este campo, surgen problemas más complicados de resolver. Las inteligencias artificiales basadas en redes neuronales profundas son notoriamente difíciles de interpretar, porque toman sus decisiones sin que el humano intervenga en el proceso. En respuesta a este desafío ha surgido un subcampo dedicado a la IA explicable que busca desarrollar sistemas que no solo tomen decisiones, sino que también proporcionen **explicaciones comprensibles** sobre por qué se tomó una decisión.

Como en otros tantos campos de la sociedad, la regulación y la supervisión están llamadas a jugar un papel crucial. Mientras que la innovación a menudo supera la velocidad de la regulación, es esencial que existan **marcos regulatorios** que supervisen el desarrollo y la implementación de la IA. Hoy en día, la Unión Europea se ha propuesto un marco para garantizar la IA de confianza, que pone énfasis en la transparencia, la trazabilidad y la rendición de cuentas.

LA IA Y LA EMULACIÓN DE LA CONCIENCIA HUMANA

La conciencia es a menudo denominada el último enigma de la ciencia y a lo largo de la historia ha sido objeto de fascinación y estudio por parte de diversas disciplinas, desde la filosofía hasta la psicología y la neurociencia. La conciencia se puede definir como la **percepción subjetiva y consciente de uno mismo y del mundo que le rodea.** Es la experiencia interna que cada ser humano tiene de sus emociones, pensamientos, sensaciones y percepciones. Aunque a menudo se da por sentado este flujo continuo de experiencias, determinar exactamente qué es, cómo surge y qué la causa sigue siendo un desafío que parece inalcanzable.

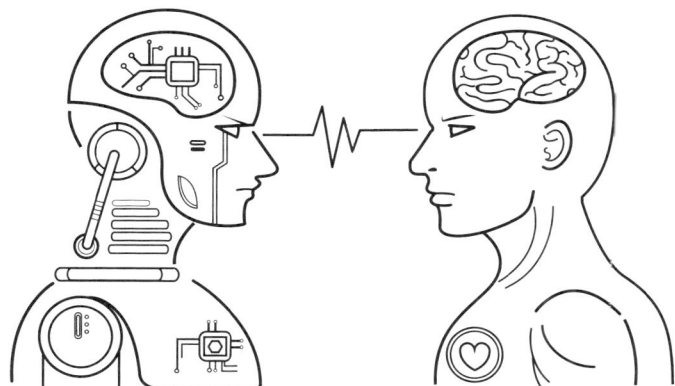

Junto a la conciencia, existe otro concepto relevante, que en ocasiones se combinan por equivocación, de suma importancia al ponerlo en relación con la IA y las máquinas futuristas. Se trata de la **autoconciencia,** que va un paso más allá de la conciencia básica. Mientras que un ser puede estar consciente de su entorno, la autoconciencia implica un reconocimiento de sí mismo como una **entidad distinta dentro de ese entorno.** No todos los seres vivos poseen esta capacidad; se cree que la autoconciencia es una característica de seres más complejos, como los humanos, algunos primates y otras especies de animales.

Desde las primeras etapas de la historia, el ser humano ha soñado con la creación de entidades autónomas que emulen sus capacidades. Este libro ha dedicado un capítulo a analizar este recorrido que se inició en la mitología, avanzó hacia la creación de autómatas y que se desarrolló realmente en la era de la computación. A partir del año 1950, cuando Alan Turing planteó su famoso test para determinar si una máquina podía pensar, aunque no se centró específicamente en la conciencia, esta idea subyacente se convirtió en un tema recurrente en debates posteriores sobre inteligencia artificial. Si una máquina podía emular el pensamiento humano al punto de ser indistinguible de un interlocutor humano, ¿podría también alcanzar algún nivel de conciencia?

Fue Marvin Minsky, otro de los pioneros de la inteligencia artificial, el que trazó un cierto paralelismo deshumanizador entre las máquinas y los hombres cuando se refirió a la mente humana como una **«máquina de carne»,** sugiriendo que la conciencia podría, en teoría, ser emulada por máquinas.

A pesar de los incontables intentos, todavía no se ha logrado una comprensión completa de la conciencia humana. Las teorías varían desde aquellas que sugieren que la conciencia es el resultado de complejos procesos computacionales en el cerebro hasta visiones más filosóficas que consideran la conciencia como una cualidad fundamental del universo, similar a tiempo o espacio. En las últimas décadas la intersección de la **neurociencia** y la inteligencia artificial ha llevado a intentos más concretos de entender y, posiblemente, emular la conciencia en máquinas. Proyectos como el **Human Brain Project** en Europa buscan modelar el cerebro humano en detalle, con la esperanza de que, al hacerlo, se pueda arrojar luz sobre el enigma de la conciencia.

En los últimos años, con el auge de las redes neuronales y las técnicas avanzadas de aprendizaje profundo que intentan imitar ciertas características del cerebro humano, ha emergido una corriente de pensadores que sostiene que **está a punto de surgir una conciencia artificial.** Esta cercanía a un teórico hecho tan rompedor ha encendido un fervoroso debate en el que hay posturas de muy distinto signo.

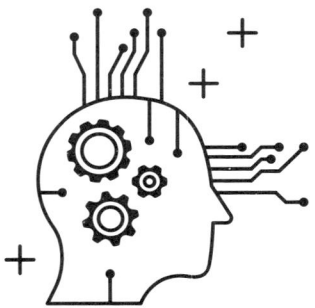

El físico del MIT, **Max Tegmark** (1967), explica en su libro *Life 3.0* (2017) que la conciencia es una forma de procesamiento de información y, como tal, no hay razón teórica para que no pueda ser replicada en una máquina. Argumenta que, si podemos simular la física de un sistema, en teoría también podríamos replicar su conciencia.

En contraposición, ciertos neurocientíficos y filósofos defienden que la conciencia está intrínsecamente ligada a aspectos biológicos del cerebro. La neurocientífica **Anil Seth** (1972) defiende esta tesis sugiriendo que la conciencia no es solo acerca del procesamiento de información, sino que está profundamente ligada a la biología, a la percepción y a la interacción con el entorno. Desde esta perspectiva, las máquinas podrían alcanzar una sofisticación increíble en términos de procesamiento y adaptación, pero nunca experimentar el mundo de la misma forma que un ser consciente.

Otro ángulo interesante proviene de la teoría de sistemas integrados propuesta por **Giulio Tononi** (1958). En ella el investigador italiano sostiene que la conciencia surge de la integración y diferenciación de información en un sistema. Aunque no excluye la posibilidad de una conciencia artificial, establece criterios estrictos sobre cómo y cuándo podría surgir en sistemas no biológicos.

Más allá de las posturas teóricas, el debate tiene ramificaciones prácticas. La iniciativa de investigación **Neuralink,** de Elon Musk (1971), que busca interfaces cerebro-computadora avanzadas, plantea la posibilidad de fusionar la inteligencia humana con la inteligencia artificial. Aunque el objetivo principal es terapéutico, las implicaciones sobre la conciencia y la identidad son profundas y aún no se han explorado completamente.

Estas pocas posiciones ya dan muestras de que la cuestión de si una máquina puede desarrollar conciencia sigue siendo uno de los debates más apasionantes y radicales debido a que se encuentran en la intersección de la tecnología, la neurociencia y la filosofía.

LA SINGULARIDAD TECNOLÓGICA: UN HORIZONTE INEXPLORADO

La *singularidad tecnológica* es un término que a menudo resuena en discusiones futuristas y en la literatura de ciencia ficción; se refiere a un punto hipotético en el tiempo en que la inteligencia artificial **alcanzará o superará la inteligencia humana,** dando lugar a cambios impredecibles en la civilización tal como se la conoce.

El origen del término se remonta a los matemáticos y científicos del siglo XX. **John von Neumann** (1903-1957), uno de los pioneros de la computación, ya había aludido a un «punto de inflexión» en el que el progreso tecnológico se aceleraría exponencialmente, llevando a cambios profundos y rápidos en la sociedad.

Para analizar el concepto de singularidad tecnológica es necesario conocer el significado con el que se utilizan las dos palabras que lo conforman. El término *singularidad*, en este contexto, se refiere a un punto o región en el espacio-tiempo donde las magnitudes físicas se vuelven infinitas o indefinidas, como ocurre en el centro de un agujero negro. En su relación con la tecnología, **la singularidad** alude a una **aceleración exponencial del progreso,** por la que cada nueva innovación surge más rápidamente que la anterior, desembocando en un horizonte temporal donde los acontecimientos se vuelven impredecibles o incomprensibles para la inteligencia humana.

En la década de 1990, **Vernor Vinge** (1944), un matemático y autor de ciencia ficción, popularizó en sus obras la idea de la singularidad tecnológica, argumentando que la humanidad estaba acercándose a un momento en el que las máquinas inteligentes podrían reescribir sus propios diseños, catapultando su inteligencia a niveles que los humanos no podrían ni siquiera comprender. A estas tesis se sumó el ingeniero y futurista **Ray Kurzweil** (1948), que, en su libro *The Singularity is Near* (2005), ha predicho que la singularidad ocurrirá alrededor del año 2045. Kurzweil sostiene que el progreso tecnológico sigue una trayectoria exponencial y que, en última instancia, la convergencia de biología y tecnología permitirá a los humanos trascender las limitaciones biológicas.

El concepto de singularidad tecnológica no está exento de críticos y escépticos. Algunos argumentan que predecir un horizonte tan lejano basándose en tendencias actuales es, en el mejor de los casos, especulativo. Otros, como el filósofo **Hubert Dreyfus** (1929-2017), han argumentado que las máquinas nunca podrán replicar la intuición y el juicio humanos, características que emergen de experiencias corporales y situacionales, lo que las aleja de alcanzar una verdadera singularidad. El entusiasmo que algunos defensores de la cercanía de la singularidad tecnológica ha sido criticado por un buen grupo de científicos que, como **Jaron Lanier** (1960), pionero de la realidad virtual, ha indicado que esta idea «en lugar de estar basada en datos empíricos parece más una religión». De manera general los críticos señalan que este tipo de crecimiento exponencial que predican los defensores de la singularidad tecnológica podría encontrar barreras prácticas, teóricas o éticas que frenen o modifiquen su trayectoria.

Más allá de los debates sobre su viabilidad, o inminente llegada, la singularidad tecnológica plantea importantes **cuestiones éticas.** Si las máquinas alcanzasen una superinteligencia, ¿cuál sería su relación con la humanidad? ¿Se podrían programar para actuar en beneficio de la humanidad o podrían, en cambio, tomar decisiones que resulten perjudiciales para esta?

Lo importante de la singularidad tecnológica, ya sea un destino inminente o un mero ejercicio de especulación, es que desafía las concepciones acerca de la naturaleza de la inteligencia, el progreso y el lugar de la humanidad en el cosmos. Por esta razón, a medida que se hace más real un futuro en el que las máquinas podrían tener un papel predominante, gran número de científicos, filósofos y pensadores opinan que es esencial reflexionar, prepararse y, sobre todo, considerar cuál es el mejor camino a seguir para asegurar un futuro en el que la tecnología beneficie a toda la humanidad.

LA UNIÓN EUROPEA Y LA PRIMERA LEY REGULATORIA DE LA IA

En abril de 2021, la Unión Europea propuso **la Ley de Inteligencia Artificial,** un proyecto emblemático que forma parte de su política para fomentar el desarrollo y la adopción de una **IA segura y legal,** respetando los derechos fundamentales. Esta propuesta, que se enmarca en un enfoque basado en el avance científico y la calibración de su riesgo, busca establecer un marco legal uniforme para la IA en toda la UE. La Ley de IA llegó a un punto de no retorno en diciembre de 2023 cuando el Consejo y el Parlamento Europeo alcanzaron un principio de acuerdo sobre el texto legal que, una vez formalizado, tendrá implicaciones significativas para el desarrollo, la gobernanza y el uso de la IA dentro de la Unión, e incluso podría influir en los estándares globales de regulación de la IA.

Este acuerdo marca un hito histórico al ser la primera norma de este tipo para la IA en el mundo, equilibrando la innovación con la **protección de los derechos.** La Ley de IA tiene como objetivo principal garantizar que los sistemas de IA en el mercado de la UE sean seguros y respeten los derechos fundamentales y los valores de la UE, al mismo tiempo que estimulan la inversión y la innovación en IA en Europa.

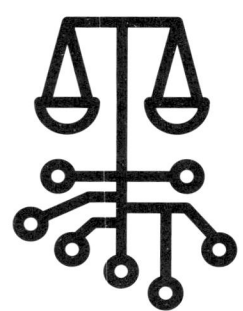

Un aspecto clave de la ley es su enfoque basado en el riesgo. Según esta perspectiva, la regulación de la IA dependerá de su potencial para dañar a la sociedad. Los sistemas de IA se clasifican como de alto riesgo o prohibidos, los cuales tendrán requisitos estrictos de transparencia y cumplimiento. Así, determinadas prácticas de IA, como la **manipulación cognitivo-conductual,** están completamente prohibidas. Esta metodología podría establecer un **estándar global,** similar a lo que se logró con el Reglamento General de Protección de Datos (GDPR) de la UE a nivel mundial.

El acuerdo también actualiza la definición de sistemas de IA, alineándola con el enfoque de la Organización para la Cooperación y el Desarrollo Económicos (OCDE), y aclara que ciertas áreas, como la seguridad nacional y el uso militar, además de los sistemas de IA utilizados exclusivamente para investigación, innovación o razones no profesionales, están exentos de esta regulación.

En lo que respecta a la aplicación de la ley, esta contempla provisiones específicas. Incluye salvaguardias y excepciones, como la implementación de emergencia de herramientas de IA de alto riesgo y **condiciones específicas** para el uso de identificación biométrica remota en tiempo real en espacios públicos.

La propuesta también aborda los sistemas de IA de **propósito general y modelos fundamentales,** imponiendo obligaciones específicas de transparencia y regímenes más estrictos para modelos de alto impacto en la sociedad. En términos de gobernanza se creará una nueva Oficina de IA dentro de la Comisión Europea, la cual estará apoyada por un panel científico independiente y una Junta de IA compuesta por representantes de los Estados miembros. Asimismo, un foro asesor para las partes interesadas proporcionará experiencia técnica.

Las multas por incumplimiento son significativas: hablamos de sanciones dinerarias tales como un porcentaje del volumen de negocios anual global de la empresa infractora o una cantidad predeterminada, con límites proporcionales para las pequeñas y medianas empresas y las *start-ups*.

La transparencia y la protección de los derechos fundamentales son también elementos esenciales en el acuerdo. En el texto se exige una evaluación del impacto en los derechos fundamentales antes de implementar sistemas de IA de alto riesgo y se promueve una mayor transparencia en su uso. Además, se incluyen disposiciones para bancos de pruebas regulatorios de IA y pruebas en el mundo real de sistemas de IA innovadores, con el objetivo de crear un marco legal más propicio para la innovación.

Aunque se establece que estas disposiciones entrarán en vigor dos años después de su promulgación, esta ley representa un avance importante en el establecimiento de un **marco legal** para la IA, equilibrando la necesidad de seguridad y respeto por los derechos fundamentales con el fomento de la innovación y la inversión en IA. Una vez formalizada, esta ley no solo influirá en el desarrollo y uso de la IA dentro de la UE, sino que también marcará el rumbo de las futuras regulaciones de IA a nivel mundial.

LECTURAS
RECOMENDADAS

1. HISTORIA Y FUNDAMENTOS DE LA IA:
- NORVIG, Peter; RUSSELL, Stuart. *Inteligencia artificial: un enfoque moderno.* 3ª ed. Madrid: Pearson Educación, 2010.
- TEGMARK, Max. *Life 3.0: being Human in the age of artificial intelligence.* Nueva York: Knopf, 2017.

2. APRENDIZAJE AUTOMÁTICO Y REDES NEURONALES:
- DOMINGOS, Pedro. *The Master Algorithm: how the quest for the ultimate learning machine will remake our world.* Nueva York: Basic Books, 2015.

3. IA EN CIENCIA FICCIÓN:
- ASIMOV, Isaac. *Yo, robot.* Barcelona: Edhasa, 2004.
- GIBSON, William. *Neuromancer.* Barcelona: Minotauro, 1989.

4. MODELOS DE LENGUAJE Y VISIÓN POR COMPUTADORA:
- CHOLLET, François. *Deep learning with Python.* 2ª ed. Shelter Island, NY: Manning Publications, 2021.
- NIETO, Juan. *Introducción a la visión por computadora: técnicas y aplicaciones.* Madrid: RA-MA, 2018.

5. APLICACIONES PRÁCTICAS DE LA IA:
- KAPLAN, Jerry. *Humans need not apply: a guide to wealth and work in the age of artificial intelligence.* New Haven: Yale University Press, 2015.
- LUENGO, David; AZNAR, Gregorio; BARRANQUERO, José. *Inteligencia artificial aplicada: Ejemplos prácticos.* Madrid: RC Libros, 2019.

6. DESAFÍOS ÉTICOS, REGULATORIOS Y FUTURO Y FRONTERAS DE LA IA:
- BOSTROM, Nick. *Superinteligencia: caminos, peligros, estrategias.* Madrid: Teell Editorial, 2017.
- CELIS, Santiago. *La singularidad está cerca: cuando los humanos transcendamos la biología.* Madrid: Alianza Editorial, 2023.
- DÍAZ, Carlos. I*nteligencia artificial y salud mental: desafíos y oportunidades en la era digital.* Madrid: Editorial Síntesis, 2022.
- GARCÍA PEÑALVO, Francisco José. *Inteligencia artificial y su impacto en la Sociedad.* Salamanca: Ediciones Universidad de Salamanca, 2022.
- FERNÁNDEZ, Lorena. *Inteligencia artificial: cómo cambiará el mundo (y tu vida).* Barcelona: Plataforma Editorial, 2021.
- HARARI, Yuval Noah. *Homo Deus: breve historia del mañana.* Barcelona: Debate, 2016.
- O'NEIL, Cathy. *Armas de destrucción matemática: cómo el big data aumenta la desigualdad y amenaza la democracia.* Barcelona: Capitán Swing Libros, 2017.
- SÁNCHEZ-MONEDERO, Javier; BANYULS, Josep. *La inteligencia artificial en el trabajo: cómo las máquinas están cambiando nuestra forma de trabajar.* Barcelona: Editorial UOC, 2021.
- SÁNCHEZ-MONEDERO, Javier; DÍAZ, César. *La regulación de la inteligencia artificial en la Unión Europea.* Valencia: Tirant Lo Blanch, 2022.

Esta lista bibliográfica no hubiera sido posible sin la existencia de la IA.